Católico pode ou não pode?
Por quê?

14/08/03

Pe. Alberto Luiz Gambarini

Católico pode ou não pode? Por quê?

Ágape
São Paulo
2002

Cx. Postal 32
06850-970 – Itapecerica da Serra, SP
Fones (0**11) 4666-3988/4666-3619
Fax: (0**11) 4666-6056
Home page: www.encontrocomcristo.org.br

Composição e Impressão
Edições Loyola
Rua 1822 nº 347 – Ipiranga
04216-000 São Paulo, SP
Caixa Postal 42.335
04218-970 São Paulo, SP
(0**11) 6914-1922
(0**11) 6163-4275
Home page e vendas: www.loyola.com.br
Editorial: loyola@loyola.com.br
Vendas: vendas@loyola.com.br

Sumário

Apresentação

A situação que se evidencia sempre mais na cultura pós-moderna é de insegurança diante das mudanças repentinas que acontecem neste início de século XXI. Vivemos momentos de grande busca de caminhos novos. Diante de tantos desencantos e fracassos que marcaram o século XX, a busca de esperanças novas se volta para propostas de "nova era", numerologia, tarôs e outras propostas naturalistas que podem desviar da verdade da fé cristã.

Reitero hoje aquilo que, no seu tempo, São Paulo escreveu a Timóteo: *"Tomo a lembrar-te a recomendação que te dei, quando parti para a Macedônia: devias permanecer em Éfeso para impedir que certas pessoas andassem a ensinar doutrinas extravagantes e a preocupar-se com fábulas e geneologias"* (Tm 1,3).

Ainda hoje é preciso ajudar os cristãos a não se desviarem da certeza que nos vem da fé em Cristo: o nosso futuro está seguro em Deus, que nos ama com amor eterno, paciente e misericordioso, e na sua providência nos dá todos os meios necessários e suficientes para a salvação presente e eterna.

Por isso, está de parabéns o nosso Pe. Alberto Luiz Gambarini que publica mais este subsídio que certamente irá dirimir as dúvidas de muitos e consolidar a fé e o compromisso dos leitores.

Com o autor da carta aos Hebreus digo nesta apresentação: *"Sede submissos e obedecei aos que vos guiam (pois eles velam por vossas almas, e delas devem dar contas)"* (Hb 13,17).

Consolidai vossa vocação!

Dom Emílio Pignoli
1º Bispo Diocesano de
Campo Limpo

Introdução

O livro *Católico pode ou não pode? Por quê?* surgiu como uma resposta a centenas de cartas enviadas por católicos sedentos por conhecer melhor a posição da Igreja diante de alguns temas polêmicos. O católico sincero deseja viver de modo coerente a sua fé. Estas páginas são dirigidas a essas pessoas. Não existe o propósito de atacar a crença de ninguém, somente examinar tudo à luz da Sagrada Escritura e da Doutrina católica.

O papa João Paulo II, em 7 de maio de 2002, na visita *ad limina* aos bispos das Antilhas, disse:

> "Na exortação apostólica *Ecclesia in America* afirmei que 'é necessário que os cristãos passem de uma fé rotineira a uma fé consciente, vivida de modo pessoal. A renovação da fé será sempre o melhor caminho para conduzir a todos para a Verdade, que é Cristo' (n. 73). Por isso, é essencial desenvolver em vossas Igrejas particulares uma nova apologética para o vosso povo, a fim de que compreendam o que ensina a Igreja e assim possam dar a razão de sua esperança (cf. 1Pd 3,15). Em um mundo onde as pessoas estão submetidas a uma contínua pressão cultural e ideológica dos meios de comunicação social, e de uma atitude agressivamente anticatólica de muitas seitas, é essencial que os católicos conheçam o que ensina a Igreja, compreendam esse ensinamento e experimentem sua força libertadora. Sem essa compreensão faltará a energia

espiritual necessária para a vida cristã e para a obra de evangelização".

No espírito das palavras do papa foi escrito este livro.

Deus o abençoe, os anjos o protejam
e salve Maria!

Pe. Alberto Gambarini

Capítulo 1

Tatuagens e piercing

A cada dia aumenta o número de jovens que usam tatuagens e *piercing*. Jovens dos mais diferentes níveis sociais, culturais e religiosos fazem questão de mostrar esses símbolos no seu corpo. É quase impossível ir a um lugar público e não encontrar alguém com uma tatuagem ou um *piercing* em alguma parte do corpo. À primeira vista tem-se a impressão de tratar-se de mais uma moda inocente. Aí está o grave engano. Por trás desses desenhos e pequenos adornos encontra-se uma sutil cilada da atual onda esotérica.

O que é a tatuagem? Qual a sua origem?

Tatuar o corpo é marcá-lo com um desenho, de modo geral, definitivo. As origens da tatuagem se perdem na história. Alguns estudos apontam para a evidência dessa prática há pelo menos 8.000 anos. Seus vestígios foram encontrados em sítios arqueológicos na França, na Itália, em Portugal e na Romênia; também no antigo Egito, na Mongólia, nas civilizações pré-colombianas e no Brasil. Destacam-se as ilhas polinésias, no Pacífico sul, de onde o capitão James Cook levou a palavra *tattoo* para a Inglaterra, e do inglês foi incorporada no vocabulário da maioria das línguas ocidentais.

Os motivos para alguém tatuar-se são os mais diferentes, destacando-se[1]:

---

1. Ronald Scutt e Christopher Gotch, *Skin Deep, The Mystery of Tattooing.*

— meio para camuflar o corpo para a caça;
— atravessar com segurança etapas difíceis da vida, como a puberdade;
— afastar os maus espíritos na hora da morte;
— ligação com o culto aos antepassados;
— demonstrar sua união a certos grupos ou confrarias.

Nem sempre as pessoas têm conhecimento da motivação de certas modas, vão atrás da onda. Uns dizem "é arte, uma simples beleza decorativa, e nada mais". Por mais que alguém pense desse modo, a tatuagem ou o *piercing* comunicam uma mensagem específica.

Em uma entrevista sobre tatuagens e *piercing*, feita com Anton La Vey, fundador da "Igreja de Satanás" dos Estados Unidos, o entrevistado afirma: "As tatuagens e o *piercing* são proibidos pela Bíblia no livro do Levítico, e grande parte do mundo é regida pelas crenças religiosas bíblicas, até mesmo a própria África. Eu pretendo encorajar qualquer atitude que constitua uma sublevação contra o cristianismo, porque, nos últimos quinhentos anos, os missionários cristãos têm vindo destruir sistematicamente quase todas as culturas diversificadas do mundo, transformando-o num lugar muito menos interessante... Nem sequer os extraterrestres vindos do espaço seriam capazes de inventar uma arma mais arrasadora do que a religião cristã para utilizar contra os povos do planeta Terra".

Na revista *Tattoo Gallery* de agosto de 1994, na seção denominada Sagrado e Profano, temos um pequeno resumo do espírito da tatuagem:

> "Em quase todos os povos primitivos, a tatuagem estava associada ao culto dos deuses–demônios e era praticada durante ritos que lhes eram dedicados por feiticeiros ou magos. Nesse tipo de tatuagem, tinha muita importância o fluxo de sangue que brotava das

feridas, o qual, segundo diziam, levava consigo, para fora do corpo, os espíritos malignos que nele tinham entrado".

Em outro trecho também lemos:
"As tatuagens que muitas mulheres da Polinésia fazem em volta dos lábios têm por objetivo impedir os demônios de entrar nos seus corpos pela abertura da boca. O próprio pigmento com que era feito o desenho (que habitualmente se obtinha misturando fumo negro com óleos de plantas 'sagradas') conservava os poderes benéficos da divindade do fogo que o tinha produzido e transmitia-os a quem, tatuando-se, os absorvia através da pele. Os sinais escolhidos tinham por objetivo agradar aos deuses a fim de obter a sua benevolência e de esconjurar a sua ira e terríveis conseqüências".

Depois da leitura dessas explicações fica a impressão de que, de modo consciente ou não, quem pratica a tatuagem e o *piercing*, em certo sentido, brinca de mago ou bruxo moderno, ou seja, se envolve com um tipo de filosofia de vida. Também revela, segundo alguns estudiosos, uma busca de identidade, como se faltasse algo para a pessoa viver plenamente a vida. Os desenhos e a dor para marcar o corpo revelariam o estado da alma.

A Bíblia e a tatuagem

A Sagrada Escritura tem alguns versículos em que a tatuagem é de modo claro condenada. Algumas dessas orientações foram dadas por Deus porque os povos com quem os israelitas tinham contato usavam a tatuagem como uma forma de adoração aos falsos deuses. Também expressavam o desejo de boa sorte, isto é, de afastar os espíritos maus.

> **"Não fareis incisões na vossa carne por um morto, nem fareis figura alguma no vosso corpo. Eu sou o Senhor" (Lv 19,28).**

> **"Vós sois os filhos do Senhor, vosso Deus. Não vos fareis incisões, e não cortareis o cabelo pela frente em honra de um morto, porque és um povo consagrado ao Senhor, teu Deus, o qual te escolheu para ser um povo que lhe pertença de um modo exclusivo entre todas as outras nações" (Dt 14,1-2).**

Uma comparação simples entre os desenhos mais usados nas tatuagens e seu significado na Bíblia lança uma luz sobre se um cristão deve ou não usar tais marcas em seu corpo. Destacam-se dois: serpente e dragão. São os símbolos bíblicos de satanás: **"Ele apanhou o Dragão, a primitiva serpente, que é o demônio e satanás, e os acorrentou por mil anos" (Ap 20,2).**

Outro ponto importante é ter presente que o cristão e seu corpo são templo do Espírito Santo: **"Ou não sabeis que o vosso corpo é templo do Espírito Santo, que habita em vós, o qual recebestes de Deus e que, por isso mesmo, já não vos pertenceis? Porque fostes comprados por um grande preço. Glorificai, pois, a Deus no vosso corpo" (1Cor 6,19-20).**

A questão toda é: qual a sua motivação para usar uma tatuagem ou um *piercing*? É por que você parecerá diferente? Isso torna você melhor? É fruto de uma moda com que mensagem? Está disposto a lidar com as conseqüências de uma marca para toda a sua vida? Para responder leve em conta o conselho de 1Pd 3,3-4: **"Não seja o vosso adorno o que aparece externamente: cabelos trançados, ornamentos de ouro, vestidos elegantes; mas tende aquele ornato interior e oculto ao coração, a pureza**

incorruptível de um espírito suave e pacífico, o que é precioso aos olhos de Deus".

Se você já tem uma tatuagem ou *piercing* irreversível, e concluiu que cometeu no passado um erro, não se condene. Em Ef 2,4-5, São Paulo apresenta uma palavra encorajadora: **"Mas Deus, que é rico em misericórdia, impulsionado pelo grande amor com que nos amou, quando estávamos mortos por nossos pecados, deu-nos a vida juntamente com Cristo — é por graça que fostes salvos".**

Capítulo 2

Rock e satanismo?

Um dos fenômenos mais assustadores dos nossos tempos é o crescimento do satanismo. Esta palavra está ligada a pessoas e movimentos que, individualmente ou de modo organizado, praticam adoração àquela entidade chamada pela Bíblia de satanás, demônio, diabo, espírito do mal. Em nossos dias, o satanismo está se transformando naquilo que na Idade Média era a bruxaria. Trata-se de uma "volta à invocação de satanás". E o interessante é observar que esse terrível culto cresce tanto no chamado primeiro mundo (Estados Unidos, Europa...), como no terceiro mundo (África, América Latina...).

O triste desse modismo é o envolvimento dos jovens. Como conseqüência cresce a criminalidade, as práticas aberrantes, a rebelião contra todo tipo de autoridade e o ódio a qualquer forma de religiosidade ligada ao cristianismo.

Um dos exemplos dessa influência negativa aconteceu em junho de 2000, na Itália, quando três jovens de 17 anos assassinaram uma freira com dezenove facadas. Essas moças gostavam de todo tipo de esoterismo e o chamado *rock* satânico. No interrogatório confessaram-se frustradas por uma facada a mais, segundo elas "a satanás bastavam dezoito". Por quê? Cada uma deveria dar seis facadas, para formar o número bíblico do anticristo: 666. Ao jornal italiano *Corriere della Sera,* de 2 de outubro de 2000, declararam: "Matamos a freira para Satanás".

O satanismo também cresce no Brasil. *O Correio da Paraíba,* de 2 de junho de 2002, publicou a seguinte manchete: "Adoradores do diabo, João Pessoa tem três igrejas de Satã...". Chama a atenção o nome dessas "igrejas": Cuspe de Deus, igreja do diabo e cruz invertida. Segundo dados do IBGE, existem no Brasil, aproximadamente, 35 mil grupos divulgando mensagens satânicas.

Qual a origem do satanismo?

Como origem remota, alguns estudiosos apontam a corte de Luís XIV, rei da França, em cujo ambiente surgem as chamadas "missas negras". São cerimônias em que a missa católica é ridicularizada e os símbolos cristãos, profanados, como meio para desafiar a Deus.

A influência mais forte vem do inglês Edward Alexander Crowley (1875–1947). Ele era de uma família protestante fervorosa e rigorosa nos hábitos e costumes. Ao entrar na Universidade de Cambridge, abandona os valores severos recebidos da família para viver uma vida com total liberdade. Tinha um interesse especial pelo esoterismo e pelo ocultismo, chegando a conhecer profundamente o tarô e o *I Ching*. Dizia ser sua missão destruir a influência nociva do cristianismo, incentivava a prática do sexo sem nenhum preconceito e também das drogas. Em 1920 fundou a Ordem Thelema onde as drogas e o sexo sem limites eram a regra de vida. Em seu tempo foi chamado de "o homem mais pervertido do mundo". Ele resumia sua filosofia afirmando: "Todo homem é um indivíduo único e tem o direito a viver como quiser". Nunca se declarou em suas obras um satanista, mas foi um ferrenho anticristão, para tanto dizia ser o número 666. Seus escritos e seu estilo de vida influenciaram muitas estrelas do *rock* a partir dos anos 60.

O satanismo moderno ganhou impulso com a criação da Igreja de satanás em 1966, em São Francisco, Estados Unidos. Ela foi fundada por Antony Lavey, admirador de Crowley.

Em sua mensagem prega a exaltação dos prazeres deste mundo, drogas e sexo. Também tem como objetivo atacar Jesus e sua Igreja, acusando Deus de ser o responsável pelos sofrimentos dos homens. Satanás é apresentado como a melhor alternativa para viver a vida. A doutrina da igreja de satanás está resumida em nove pontos:

1. Satã representa indulgência, em vez de abstinência!
2. Satã representa existência vital, em vez de sonhos espirituais!
3. Satã representa sabedoria pura, em vez da auto-ilusão hipócrita!
4. Satã representa bondade para quem a merece, em vez de amor desperdiçado aos ingratos!
5. Satã representa vingança, em vez de dar a outra face!
6. Satã representa responsabilidade para o responsável, em vez de se ligar a vampiros espirituais!
7. Satã representa o homem como outro animal, algumas vezes melhor, mas freqüentemente pior do que os outros que caminham de quatro, porque em seu "divino desenvolvimento espiritual e intelectual" se tornou o animal mais viciado de todos!
8. Satã representa todos os denominados pecados, pois eles se direcionam a uma gratificação física, mental e emocional!
9. Satã tem sido o melhor amigo que a igreja já teve, pois ele cuidou dos seus negócios todos esses anos!

A influência do satanismo em algumas correntes do *rock*

O satanismo conseguiu um grande impulso para divulgar suas idéias e influenciar as pessoas, principalmente por meio da música de alguns artistas e conjuntos de *rock*. Essa é uma questão polêmica. Existe o perigo de cair no exagero de considerar todas as músicas de *rock* como satânicas. Em contrapartida, existe o risco de não aceitar críticas aos excessos do *rock*, com a justificativa da liberdade de expressão. A questão toda está em examinar com tranqüilidade os fatos, evitando os extremos.

A história do *rock* tem quatro fases importantes: a primeira, quando tudo começou como algo leve *(soft rock)*, mas exaltando o sexo; a segunda com o *rock* duro *(hard rock)*, tendo como apelo as drogas; a terceira, dominada pelas letras em que o diabo é invocado (*rock* satânico); e a quarta, caracterizada principalmente pelos grupos *punk*, com estímulo à violência, criminalidade, prostituição e abuso do álcool e todo tipo de tóxico.

O desenvolvimento do *rock* satânico

A mensagem satânica de modo explícito aparece pela primeira vez na capa de um dos discos mais famosos dos Beatles: Sergeant Pepper's Lonely Hearts Club Band (1967). Entre as fotografias de inúmeras pessoas famosas, também está presente a do inglês Crowley, o pai do satanismo moderno. Na época o baterista Ringo Star explicou o significado da capa: "Pensamos em reunir o rosto das pessoas que amamos e admiramos"[1].

Entre os diversos grupos de *rock* famosos que usaram referências ao satanismo, destacam-se os Rolling Stones. Nos álbuns *Their Satanics Majesties Request* (Serviço de sua majestade satânica), *Gots Head Soup* e *Voodo Lounge* fazem referências diretas ao satanismo. Um exemplo dessas letras satânicas é Simpathy For The Devil (Simpatia pelo demônio):

"Por favor deixe que eu me apresente:
Eu sou um homem rico e de bom gosto,

1. Regimbal Jean Paul e colaboradores, *Il Rock n'roll*, Edizioni Uomini Nuovi, Marchirolo (Varese), 1983.

Eu estou por aí há muitos, muitos anos,
Roubei as almas e a fé de muitos homens
E eu estava por perto quando Jesus Cristo
Teve seu momento de dúvida e dor.
Fiz com que Pilatos
Lavasse suas mãos e selasse seu destino.
Prazer em te conhecer.
Espero que saiba o meu nome,
Mas o que te confunde
É a natureza de meu jogo..."

A banda Black Sabbath é apontada pelos especialistas em *rock* como a pioneira na utilização tanto de temas, como de visual satânicos. A música N.I.B dá uma pequena amostra da exaltação de Satanás:

"Agora tenho você comigo, sob meu poder
Nosso amor se fortalece a cada hora
Olhe em meus olhos, você verá quem sou
Meu nomé é Lúcifer, segure minha mão".

Outra banda fundamental na história da influência do satanismo na música é o grupo Led Zeppelin. O líder da banda, o guitarrista Jimmy Page, sempre demonstrou interesse pelo ocultismo. Também é um estudioso das doutrinas de Aleister Crowley, tendo comprado a sua casa para morar. No álbum *Led Zepellin III*, por influência de Page, existe um lema de Crowley, o pai do satanismo: "Faz o que você quiser". Ele próprio explicou o seu sentido: "... Minha intenção era dar um pequeno toque esotérico. Esperava que ninguém percebesse".

A gravidade dos excessos de certos grupos de *rock* não está somente em levar à adoração do demônio, mas também em falar de temas delicados, como o suicídio e o estímulo à violência. O ex-vocalista do Black Sabbath, Ozzy Osbourne, é o autor de uma dessas músicas, que teria provocado o suicídio de centenas de jovens. A começar pelo nome Suicide

Solution (Solução suicídio), e depois pelo teor da letra, faz crer nessa possibilidade:

"Quebrando leis, quebrando portas,
Mas não tem ninguém em casa.
Faça sua cama, descanse sua cabeça,
Mas você fica ali e reclama
Onde se esconder,
O suicídio é a única saída.
Não sabe sobre o que é isto tudo?"

Em Fade To Black, a banda Metallica fez os jovens cantarem:

"Eu perdi a razão de viver,
simplesmente não tenho mais nada para dar, não existe nada mais para mim,
preciso do fim para me libertar".

Esses são somente alguns exemplos para sentir a influência negativa de alguns astros da música na vida dos jovens. Outros conjuntos também usaram esse tema nas suas letras: Alice Cooper, Eagles, Doors, Iron Maiden, Kiss, AC/DC, Mercyful Fate.

Prince of Darkness (Alice Cooper)

"Um anjo caiu da glória do céu
Em uma noite tempestuosa.
Ele despreza a Terra para reinar no inferno.
Ele teme a luz.
Ele teme a verdade.
Ele teme aquilo que vai ocorrer.
Ele escarra na vida.
Ele escarra em Deus.
Ele escarra a morte para você e para mim.
Príncipe das trevas
Que examina o mundo com olhos famintos.
Príncipe das trevas

**Pronto para batizar você na mentira.
Coração do mal, alma da escuridão
Príncipe das trevas.
Ele viu que o homem era apenas uma criança
com mentalidade infantil.
Ele jurou danar a criação de Deus.
Ele vive para o ódio.
Ele vive para as lágrimas.
Ele vive para exaltar seu nome.
Ele conheceu a luz.
Ele conheceu o Um
Que foi crucificado em dores.
Príncipe das trevas
que examina o mundo com olhos famintos.
Príncipe das trevas
Pronto para batizar você na mentira.
Príncipe das trevas.
Ele cheira a respiração
do doce humano
Príncipe das trevas."**

Demoníaca (Kiss)

**"Faz o que você quiser, esta é a lei sagrada.
Igreja do inferno, a morte é um reino,
Presta juramento: você deve matar.
Chama a força por meio
De encantamento de morte.
A Virgem está sobre o altar.
O sacerdote da morte empunha
O cetro do destino.
A criatura está possuída pelo mal.
O anjo de morte é enviado para matar.
O trabalho dos demônios começou.
Entregai-vos,
Sem distinção de sexo, ao amor
Fazei o que quiserdes: é a nossa lei."**

No Brasil alguns artistas não fugiram à regra da onda satanista. Raul Seixas foi um entusiasmado propagador do pensamento de Crowley. No final da música Sociedade Alternativa (composta em parceria com o escritor Paulo Coelho), disse: **"O número 666 chama-se Aleister Crowley.** Faze o que tu queres pois é tudo da lei. Viva! Viva! A lei de Thelleman, a lei do forte, esta é a nossa lei, é a medida do mundo. Viva! Viva!".

O lado nocivo de certas músicas não está somente em fazer referências ao demônio, mas em provocar uma quebra dos valores sagrados do cristianismo. Um exemplo desse perigo é a letra de Igreja dos Titãs:

"Eu não gosto de padre,
Eu não gosto de madre,
Eu não gosto de frei,
Eu não gosto de bispo,
Eu não gosto de Cristo,
Eu não gosto de amém,
Eu não monto presépio,
Eu não gosto do vigário,
nem da missa das seis.
Eu não gosto de terço,
Eu não gosto do berço
de Jesus de Belém.
Eu não gosto do Papa,
Eu não creio na graça
Do milagre de Deus.
Eu não gosto de igreja,
eu não entro na igreja,
Não tenho religião".

A Bíblia e o demônio

Já nas primeiras páginas da Bíblia é citada a presença do anjo mal, tentando Adão e Eva (cf. Gn 3,1-5). Aparece na figura de uma serpente, que é assim identificada em Sb 2,24: **"Foi por inveja do demônio que a morte entrou no mundo".**

A grande questão é saber quem criou essa terrível criatura? A resposta é Deus, que o criou como um anjo bom, que se rebelou contra a autoridade divina: **"Então caiste dos céus, astro brilhante, filho da aurora! Então! Foste abatido por terra, tu que prostravas as nações! Tu dizias: Escalarei os céus e erigirei meu trono nas estrelas. Assentar-me-ei no monte da assembléia no extremo norte. E, entretanto, eis que foste precipitado à morada dos mortos, ao mais profundo abismo" (Is 14,12-14).** Lúcifer (astro de luz) pela sua rebelião transforma-se em Satanás, isto é, o adversário ou inimigo de Deus.

O Novo Testamento também é unânime em afirmar a existência do demônio como um ser pessoal, perverso com a finalidade de levar a perdição aos homens. Jesus é apresentado como aquele que **"se manifestou para destruir as obras do demônio" (1Jo 3,8).** E Ele realizou esta sua missão das mais diferentes formas:

— vencendo as tentações do demônio no deserto **(cf. Lc 4,1-13)**; ensinando o caminho da vitória pela obediência à Palavra.

— Libertando os possessos por meio de diversos exorcismos **(cf. Lc 4,31-37; Mt 9,32; 12,22);** revelando que o demônio entra na vida de uma pessoa, mas o poder de Deus é capaz de tirá-lo.

— E, por fim, derrotando o Maligno de modo definitivo na cruz:

"Agora chegou a salvação, o poder e a realeza de nosso Deus, assim como a autoridade de seu Cristo, porque foi precipitado o acusador de nossos irmãos, que os acusava, dia a dia, diante de nosso Deus" (Ap 12,10).

Também é certo que os cristãos continuariam a lutar contra as investidas do demônio e suas armadilhas:

> **"Não quero que sejamos vencidos por Satanás, pois não ignoramos as suas maquinações" (2Cor 2,11).**

> **"Sede sóbrios e vigiai. Vosso adversário, o demônio, anda ao redor de vós como leão que ruge, buscando a quem devorar" (1Pd 5,8).**

Também é dado um alerta sobre o modo como Satanás iludirá os homens no final dos tempos. E aqui existe uma semelhança com os dias atuais em que cresce a fascinação pelo ocultismo, pela magia, pelo esoterismo e por tantas outras práticas pagãs:

> **"Porque se levantarão falsos cristos e falsos profetas, que farão milagres a ponto de seduzir, se isso fosse possível, até mesmo os escolhidos" (Mt 24,24).**

> **"A manifestação do ímpio será acompanhada, graças ao poder de Satanás, de todo tipo de portentos, sinais e prodígios enganadores" (2Ts 2,9).**

O demônio pode semear a sua destruição agindo pela imaginação da pessoa para levá-la a pecar. Ao mesmo tempo, essa pessoa tem a sua disposição o meio para enfrentar e vencer o maligno:

> **"Vigiai e orai para que não entreis em tentação" (Mt 26,41).**

Também existe a possibilidade de o demônio possuir o corpo de alguém. Chama-se a isso de possessão diabólica. São raros esses casos, mas uma triste realidade. A Igreja pelo exorcismo, em nome de Jesus, expulsa o demônio:

> **"Estes milagres acompanharão os que crerem: expulsarão os demônios em meu nome..." (Mc 16,17).**

O cristão fiel aos ensinamentos da Palavra nada tem a temer do Maligno. Quem está com Jesus Cristo descansa tranqüilo na sua promessa:

"Tende coragem; eu venci o mundo"

(Jo 16,33).

A Igreja e o demônio

A Igreja, fiel às Escrituras, nunca duvidou da existência e da ação do demônio. No decorrer da história ela manifestou-se para evitar erros diante dessa ação maligna. Recentemente o Magistério se expressou da seguinte forma:

— O Concílio Vaticano II recorda que o "Filho de Deus, por sua morte e ressurreição, nos livrou do poder de Satanás" (SC 6); ... "o Pai enviou seu Filho a fim de por Ele arrancar os homens do poder das trevas e de Satanás" (AG 3);... "Cristo derrotou o império do diabo" (AG 9).

— Paulo VI, em 15 de novembro de 1972, ensinou na qualidade de sucessor de Pedro: "Deixa o quadro do ensinamento bíblico e eclesial quem se recusa a reconhecer a existência do demônio, ou quem faz do demônio um princípio que existe por si e não tem, como as demais criaturas, a sua origem em Deus, ou ainda quem explica o demônio como sendo uma pseudo-realidade, uma personificação conceitual e fantástica das causas desconhecidas de nossas desgraças...

É o inimigo número um, o tentador por excelência. Sabemos também que este ser obscuro e perturbado existe de verdade e que com pérfida astúcia é atuante; é o inimigo oculto que dissemina erros e infortúnios na história dos homens... É o pérfido e astuto encantador que sabe insinuar-se em nós por meio dos sentidos, da fantasia, da concupiscência, da lógica utópica ou dos desordenados contatos sociais no exercício das nossas atividades, para nestas introduzir desvios, muito mais nocivos porque aparentemente conformes com nossas estruturas físicas ou psíquicas ou com as nossas instintivas e profundas aspirações...

Poderemos supor que esteja atuando sinistramente onde a negação de Deus se faz radical, sutil e absurda; onde a mentira se afirma hipócrita e poderosa contra a verdade evidente; onde o amor é eliminado por um egoísmo frio e cruel; onde o nome de Cristo é impugnado com ódio consciente e rebelde...; onde o espírito do Evangelho é mistificado e contraditado; onde se afirma o desespero como última palavra" (cf. *L'Osservatore Romano de* 16 de novembro de 1972).

— João Paulo II, durante a visita ao Santuário de S. Miguel Arcanjo, declarou: "Esta luta contra o demônio que trava o Arcanjo Miguel é atual ainda hoje, porque o demônio ainda está vivo e operante no mundo. Na verdade, o mal que existe, a desordem que reina na sociedade, a incoerência do homem, a divisão interior da qual o homem é vítima não são só a conseqüência do pecado original, mas também efeito da ação devastadora e obscura de Satanás" (24/5/87).

Um alerta importante

O cardeal John J. O'Connor, arcebispo de Nova York, disse na homilia dominical de 4 de março de 1982:

"Existe o diabo no *rock* e o *heavy metal* é seu terrível profeta. Essas canções são uma armadilha para os jovens, uma pornografia sonora, um convite ao suicídio... A indústria discográfica deve reparar o seu mal, se deseja alcançar a salvação... A violência incentivada pelo diabo aumenta a cada dia... E o *rock* contribui para enganar as pessoas, principalmente os jovens...

> O diabo está entre nós: o número crescente de missas negras, vodu... e sobretudo a grande paixão dos jovens pelo pior do *rock*, aquele que fala de violência, sexo e suicídio".

Quantos jovens bem-intencionados não percebem o modo perverso como são usados por alguns dos seus "ídolos". Deixam-se enganar com a impressão de que o esoterismo é algo inocente, sem conseqüências maiores. Acreditam estar aí a solução para os seus problemas. Mergulham de cabeça na magia, na feitiçaria, na invocação dos espíritos dos mortos e do próprio demônio.

Um dos caminhos mais rápidos para o envolvimento com as forças do mal é a música; um ambiente com som em alto volume, sem possibilidade para pensar ou conversar com as pessoas; letras sem muito nexo, repetindo continuamente refrões com referências ao diabo, a sexo livre, drogas, violência... A conseqüência direta disso é a mudança de comportamento, hábitos e costumes. Tudo passa a ser válido como um meio para contestar os adultos. Para alguns significa o início de uma viagem sem volta.

É importante não condenar o *rock* como um todo, mas estar alerta para não contribuir para a expansão do mal.

Capítulo 3

Halloween

O *halloween* tem uma origem pagã. Essa celebração é atribuída a um povo que habitava na Inglaterra, os celtas, e tinha como objetivo principal celebrar os mortos. Acreditava-se que, na noite do dia 31 de outubro, o deus da morte permitia aos mortos voltar à terra para criar um ambiente de terror. A invasão dos romanos (46 a.C.) às ilhas britânicas resultou na mistura dos costumes da cultura celta com os usos e costumes da Europa. Essa influência foi diminuindo com a pregação do evangelho e desapareceu totalmente no final do século II do cristianismo.

Essa comemoração voltou aos poucos como uma festa para as crianças usarem fantasias de bruxas ou outros personagens maus. Para ganhar simpatia juntou-se o costume de distribuir doces. Por trás de algo aparentemente inofensivo, existe toda uma trama para voltar a crenças pagãs.

Muitos grupos satanistas e ocultistas usam o dia 31 de outubro como sua data mais importante. Chamam a esse dia de "Festival da morte", e é reconhecido por todos os satanistas, ocultistas e adoradores do diabo como véspera do ano novo da bruxaria.

Anton LaVey, autor da "Bíblia satânica" e sumo sacerdote da igreja de satanás, diz que o dia mais importante para os seguidores do maligno é o *halloween*. LaVey diz que nessa noite os poderes satânicos ocultos e de bruxaria estão no seu nível de potência mais alto, e qualquer bruxo ou ocultista encontrará mais êxito nessa noite, porque satanás e seus poderes estão em seu ponto mais alto. Esses seguidores do príncipe da mentira asseguram que, durante a noite do *halloween*, os anjos decaídos, assim como toda a classe de espíritos malignos, percorrem o mundo inteiro.

Também é um fato registrado e documentado que na noite do dia 31 de outubro na Irlanda, nos Estados Unidos e em outros países se realizam missas negras, cultos espíritas e outras reuniões relacionadas com o mal e o ocultismo.

Essas poucas informações servem para mostrar o lado negativo do *halloween*. A mensagem de amor, paz, caridade e esperança de Jesus Cristo é completamente contrária às imagens sangrentas, que retratam bruxas, mortos saindo de túmulos, vampiros e outros monstros. *Halloween* é na verdade uma celebração da maldade.

"Porque virá tempo em que os homens já não suportarão a sã doutrina da salvação. Levados pelas próprias paixões e pelo prurido de escutar novidades, ajuntarão mestres para si. Apartarão os ouvidos da verdade e se atirarão às fábulas" (2Tm 4,3-4).

Capítulo 4

Astrologia – Horóscopos

Uma das perguntas mais comuns entre as pessoas é: qual o seu signo? Na maioria dos jornais, das revistas e de outros meios de comunicação também está presente a seção dedicada ao horóscopo ou previsão astrológica. Também é freqüente a afirmação: "Não creio na influência do horóscopo, mas algo de verdade deve existir".

O horóscopo é uma "previsão" sobre o futuro de pessoas, países... realizado por astrólogos. Chama-se a essa prática de astrologia, que nada mais é que uma antiga prática ocultista, em que se crê na influência dos astros nos acontecimentos da vida. A ciência já provou não existir nenhuma consistência nessa crença.

Pontos para pensar sobre a astrologia

— A astrologia surgiu em um tempo em que se pensava que os astros giravam em torno da terra, quando na verdade ela gira em torno do sol.

— A terra tem um movimento irregular, resultando em uma constante "mudança no zodíaco". Desse modo, não é possível uma previsão exata, afinal existe a possibilidade de pessoas nascidas no mesmo dia e mês com signos diferentes.

— O número de planetas reconhecidos pelos astrólogos até 1781 era de seis. Nesse mesmo ano foi descoberto

Urano; Netuno em 1846 e Plutão em 1930. Fica uma questão: se os astros exercem alguma influência sobre o comportamento humano, então eles têm poder mesmo ainda não sendo conhecidos? E como o astrólogo pode determinar o destino de alguém se existem forças desconhecidas?

— A astrologia acredita que os astros dirigem a vida das pessoas. As constelações sobre as quais se fundamenta o zodíaco estão a anos luz dos planetas. Caso isso fosse verdade, seriam necessários anos para se dar alguma influência.

— Gêmeos idênticos deveriam ter o mesmo caminho traçado pelos planetas e pelas estrelas. Entretanto, a realidade é outra: existe a possibilidade de um viver e outro morrer no nascimento; no decorrer da vida, um poderá ter sucesso e outro fracasso...

— Se for levada em conta a influência de todas as estrelas e constelações dispersas pelo universo, praticamente se torna complexo e difícil o trabalho dos astrólogos. Tal constatação comprova o erro da astrologia, que tem sua origem ligada a um tempo em que pouco se conhecia sobre os astros.

O prof. Sérgio Menge de Freitas, da Universidade Federal do Rio de Janeiro, pesquisador em Cinemática Estelar e História da Astronomia, publicou em 1994 um artigo denominado "Alguns percalsos da Astrologia", em que escreveu:

> "A astrologia nasceu coerente com a astronomia de uma época. De lá para cá, a astronomia progrediu muito, e a astrologia praticamente não incorporou progresso algum da astronomia, a não ser quando foi obrigada a 'engolir três sapos': adotou Urano, Netuno e Plutão. Seria mais embaraçoso não incorporá-los, apesar de a astrologia apregoar que lida com 'energias cósmicas' ou 'vibrações' não físicas (as quais precisam da ajuda

do primeiro choro ou da primeira respiração de um recém-nascido para nele 'entrarem'...). Fosse assim, com cinco mil anos de astrologia, se vinte por cento dos astrólogos tivessem sentido as 'vibrações' de Urano, Netuno e Plutão, já teríamos a existência dos três novos planetas como fato consumado há alguns séculos. Não teria sido tão recente o vexame de decretar o *impeachment* de três 'regentes' de signos, para poder encaixá-los, estragando certa simetria que haviam arranjado para o esquema geométrico das 'soberanias angulares celestes' ... Enfim, incorporou os três, mas não incorporou satélites de outros planetas, asteróides, nebulosas, associações reais entre estrelas, galáxias, pulsars, quasars, buracos negros etc. Os mesopotâmicos não conheciam tais coisas".

A Bíblia e a astrologia

A Bíblia é muito clara quanto à proibição da prática da astrologia:

> **"Quando levantares os olhos para o céu e vires o sol, a lua, as estrelas, todo o exército do céu, guarda-te de te prostrares diante deles, e de render um culto a estes astros, que o Senhor, Teu Deus, deu como partilha a todos os povos que vivem debaixo do céu" (Dt 4,19).**

> **"Não se ache no meio de ti quem faça passar pelo fogo seu filho ou sua filha, nem quem se dê à adivinhação, à astrologia, aos agouros, ao feiticismo, à magia, ao espiritismo, à adivinhação ou invocação dos mortos, porque o Senhor, Teu Deus, abomina aqueles que se dão a estas práticas..." (Dt 18,10-12).**

"...aqueles que prepararam o mapa do céu e observam os astros... ei-los como argueiro de palha que o fogo consumirá" (Is 47,13).

"Eis o que diz o Senhor: não imiteis o procedimento dos pagãos; nem temais os sinais celestes como os temem os pagãos, porquanto os deuses desses povos são apenas vaidade" (Jr 10,2-3).

"Respondeu Daniel ao rei: nem sábios, nem mágicos, nem os feiticeiros, nem os astrólogos são capazes de revelar o que o rei pergunta. Mas há no céu um Deus que desvenda os mistérios" (Dn 2,27).

A Igreja e a astrologia

Desde o início da igreja cristã, a astrologia foi identificada como sendo de origem demoníaca. Santo Agostinho, no seu tratado *A cidade de Deus*, condenou a consulta aos astros por ser algo fatalista e negar a liberdade humana. Os concílios de Laudicéia (366), Toledo (400) e Braga (561) manifestaram-se contra a astrologia por ser contrária ao ensino bíblico e por ter sua origem nas divindades das religiões pagãs.

No *Catecismo da Igreja católica*, n. 2116, encontra-se a posição oficial e atual para os verdadeiros cristãos:

> "Todas as formas de *adivinhação* hão de ser rejeitadas: recurso a Satanás ou aos demônios, evocação dos mortos ou outras práticas que erroneamente se supõem 'descobrir' o futuro. A consulta aos horóscopos, a astrologia, a quiromancia, a interpretação de presságios e da sorte, os fenômenos de visão, o recurso a médiuns escondem uma vontade de poder sobre o tempo, sobre a história e finalmente sobre os homens, ao mesmo tempo que um desejo de ganhar para si os poderes ocultos. Estas práticas contradizem a honra e o respeito que, unidos ao amoroso temor, devemos exclusivamente a Deus".

Capítulo 5

Nostradamus

Nostradamus nasceu de uma família de origem judaica, em 1533. Ele se apresentava como católico, pois seus antepassados foram batizados cristãos para fugir ao decreto de Luís XI (1461–1483), que ameaçava confiscar os bens dos judeus. Formou-se em medicina, ensinou astrologia e praticou o ocultismo. Abatido com a morte de sua primeira esposa e de seus dois filhos, em virtude da peste, retirou-se para uma abadia. Aí redigiu suas primeiras "profecias". A partir de 1547 escreveu um conjunto de profecias que foram chamadas de *Centúrias Astrológicas*.

Como entender as profecias de Nostradamus

Todos os seus escritos são de difícil interpretação, permitindo as mais diferentes conclusões. Nostradamus compôs em provençal (francês medieval), incluindo palavras de outras línguas (francês, espanhol, latim e hebraico). Usou a forma poética, obrigando-o a manter a rima e a métrica, criando também novas palavras. De modo geral, raramente indica uma data exata, e também não existe uma ordem cronológica em suas previsões. Por ser astrólogo, utilizou as datas por meio da posição dos astros. Para decifrar o significado dessas profecias elaboradas com tanto "mistério", os comentaristas são obrigados a alterar a ordem das palavras para chegar a algum acontecimento e deduzir datas usando tábuas astrológicas. Um exemplo é a palavra Nescaf, que significaria França. A questão é: quem garante?

É importante examinar algumas das "previsões" de Nostradamus e seus comentários. Chama a atenção a interpretação forçada para coincidir com determinado acontecimento, bem como as diversas interpretações sobre a mesma "profecia". Seguem alguns exemplos do modo como os admiradores de Nostradamus explicam seus escritos:

— Os versos em que se identifica Napoleão Bonaparte:

> "De simples soldado alcançará o império, de roupa curta chegará à larga. Forte nas armas, muito pior na Igreja, ele humilha os padres, como a água ensopa a esponja" (*Centúria* VII).

— Em outra parte os comentaristas não chegam a um acordo sobre quem seria o personagem histórico: Napoleão ou Hitler:

> "Da parte mais profunda da Europa Oriental nascerá um menino de família pobre, que com suas palavras seduzirá a muitos povos. Sua reputação crescerá no reino do leste" (*Centúria* III).

A discordância vem do modo como se entende Leste: para alguns seria o Egito, daí a ligação com Napoleão pela invasão desse país. Para outros, trata-se do Japão, e desse modo aparece Hitler pela sua aliança com os japoneses na Segunda Gerra Mundial.

— *A Centúria I* é outro exemplo de confusão de interpretação. Para alguns aí estaria profetizada a Revolução Francesa, para outros a Revolução Russa, e existem aqueles que vêem a condenação à morte do rei francês Luís XVI, ou ainda o ataque japonês aos Estados Unidos em Pearl Harbor.

— *A Centúria X*, quadra 72, foi no final do século XX uma das que mais criou polêmica e pânico:

"No ano de 1999, sétimo mês. Do céu virá um grande rei assustador. Ressuscita o grande rei Angoulmois. Antes depois de Marte reina a felicidade".

Essas palavras levaram muitos a imaginar uma tragédia espetacular para 1999, possivelmente a terceira guerra mundial ou até o fim do mundo. Quanto à data não existiu acordo. Para alguns seria 9 de julho; para outros, 11 de agosto, quando no norte da França aconteceria o último eclipse solar do milênio. A desilusão e o descrédito foram totais, nada de extraordinário aconteceu. A terra continuou girando, e a humanidade prosseguiu a sua caminhada.

O valor dado às profecias de Nostradamus vem da tentação do homem de conhecer o futuro e também tem suas raízes na superstição e no ocultismo. Em um bom número de pessoas existe um desejo mórbido de desvendar as coisas aparentemente misteriosas e ocultas, principalmente no que diz respeito a acontecimentos trágicos. Tal atitude é perigosa para uma vida de fé sadia. A Igreja católica condenou os escritos de Nostradamus (1781), incluindo-os no índice dos livros proibidos.

A Bíblia e Nostradamus

Nostradamus dizia que suas visões sobre os acontecimentos futuros vinham de Deus, e ao mesmo tempo reconhecia que a Bíblia não aceitava seu procedimento.

Para as suas previsões recorreu ao ocultismo, isto é, uma doutrina esotérica, de natureza mágico-religiosa, que crê existirem forças escondidas ativas no universo e que define procedimentos para captar a seu favor as forças boas e se defender das más. O ocultismo apóia-se na magia, na alquimia, na astrologia... A Bíblia é muito clara em condenar todas estas práticas: **"Não se ache no meio de ti quem faça passar pelo fogo seu filho ou sua filha, nem quem se dê à adivi-**

nhação, à astrologia, aos agouros, ao feiticismo, à magia, ao espiritismo, à adivinhação ou invocação dos mortos, porque o Senhor, Teu Deus, abomina aqueles que se dão a estas práticas..." (Dt 18,10-12); e os falsos profetas que as utilizam: **"Pois, assim disse o Senhor dos exércitos, Deus de Israel: Não vos deixeis engodar pelos profetas que se acham entre vós, nem pelos adivinhos. Não escuteis os sonhos que anunciam. Porquanto esses homens mentem, pretendendo pronunciar oráculos em meu nome. Não lhes outorguei tal cargo" (Jr 29,8-9).**

Outro ponto das chamadas "profecias" de Nostradamus é a pretensão de prever o futuro. Para isso, ele utilizou a astrologia. A Sagrada Escritura também condena essa prática[1]. Os primeiros cristãos identificavam na astrologia um modo de submeter-se aos espíritos malignos. Em nossos dias ela está ligada ao movimento da Nova Era.

A tentação de desvendar o futuro sempre acompanhou o homem. Também os discípulos de Jesus um dia lhe perguntaram: **"...Qual será o sinal de tua volta e do fim do mundo?" (Mt 24,3)**, ao que ele imediatamente respondeu: **"Cuidai que ninguém vos seduza. Muitos virão em meu nome, dizendo: Sou eu o Cristo. E seduzirão a muitos. Ouvireis falar de guerras e de rumores de guerra. Atenção que isso não vos perturbe, porque é preciso que isso aconteça. Mas ainda não será o fim" (Mt 24,4-6)**. A seguir, dá uma explicação importante para não se deixar enganar pelos "profetas" ou adivinhos do final dos tempos: **"Quanto àquele dia e àquela hora, ninguém o sabe, nem mesmo os anjos do céu, mas somente o Pai... Por isso, estai também vós preparados porque o Filho do homem virá numa hora em que menos pensardes" (Mt 24,36.44).**

1. Cf. capítulo sobre astrologia neste livro.

Para a Bíblia como um todo, quem se aventura a fazer qualquer tipo de previsão do futuro nunca age em nome de Deus e por isso sempre mente. Para estes Jesus diz: **"Vós tendes como pai o demônio e quereis fazer os desejos de vosso pai. Ele era homicida desde o princípio e não permaneceu na verdade, porque a verdade não está nele. Quando diz a mentira, fala do que lhe é próprio, porque é mentiroso e pai da mentira" (Jo 8,44).** Segundo os ensinamentos de Jesus, mais importante do que qualquer previsão do futuro ou até a data do fim do mundo, é viver cada dia como se fosse o dia do encontro final com Deus. É urgente a preparação desse momento mediante uma conduta de vida pura e santa. E o meio para essa preparação é indicado pelo próprio Jesus: **"Vigiai, pois não sabeis nem o dia nem a hora" (Mt 25,13).** Os primeiros cristãos viveram essa atitude de vigilância e expectativa pela eminente vinda do Senhor, sem jamais marcar datas para esse momento. O futuro pertence a Deus, e quem Nele deposita sua confiança nada tem a temer: **"A respeito da época e do momento, não há necessidade, irmãos, de que vos escrevamos. Pois vós mesmos sabeis muito bem que o dia do Senhor virá como um ladrão de noite. Quando os homens disserem 'paz e segurança', então repentinamente lhes sobrevirá a destruição como as dores à mulher grávida" (1Ts 5,2-3).** Quando o papa João Paulo II convidou a Igreja a preparar-se para a celebração dos 2.000 do nascimento de Jesus Cristo, escreveu: "É necessário suscitar em cada fiel um verdadeiro anseio de santidade, um forte desejo de conversão e renovação pessoal, num clima de oração cada vez mais intensa e de solidário acolhimento do próximo, especialmente do mais necessitado" *(Tertio Millenio Adveniente, n. 42).*

Capítulo 6

Superstição

Quantas pessoas entram em um lugar somente com o pé direito, comem lentilhas para pedir prosperidade, usam o branco para atrair bons fluidos, vestem sempre determinada roupa para dar sorte, penduram ferradura atrás da porta, batem na madeira para afastar o azar, não fazem nada no dia 13 e evitam qualquer coisa ligada a este número... Para não falar da "maldição" causada por gatos pretos, passar debaixo de uma escada, quebrar um espelho. Essas e outras práticas revelam uma falta de confiança em si e principalmente nos cuidados de Deus. Chama-se a isso de superstição.

A superstição é a crença de que certas obras, objetos ou números têm força para dar sorte ou azar. Quanto menos uma pessoa conhece e vive o amor de Deus, tanto maior são as suas superstições.

Fé e superstição são duas realidades completamente diferentes. Por quê? A fé está alicerçada nas promessas de Deus: **"A fé é o fundamento da esperança, é uma certeza a respeito do que não se vê" (Hb 11,1).** Os heróis da Bíblia são apresentados como homens e mulheres que "**graças a sua fé (em Deus) conquistaram reinos, praticaram a justiça, viram se realizar as promessas" (Hb 11,33)**. Já a superstição cria medo na pessoa, levando-a a confiar em coisas e não em Deus.

No *Catecismo da Igreja Católica,* a superstição é apresentada como um pecado contra o primeiro mandamento da lei de Deus: "A superstição é o desvio do sentimento religioso e das práticas que ele impõe. Pode afetar também o culto que prestamos ao verdadeiro Deus, por exemplo: quando atribuímos uma importância de alguma maneira mágica a certas práticas, em si mesmas legítimas ou necessárias. Atribuir eficácia exclusivamente à materialidade das orações ou dos sinais sacramentais, sem levar em conta as disposições interiores que exigem, é cair na superstição" (n. 2111).

PRINCIPAIS SUPERSTIÇÕES

Correntes de oração

São determinadas orações impressas em folhas prometendo coisas espetaculares para quem as fizer e as divulgar para outras pessoas. Juntam a essa promessa uma ameaça: "Quem não a faz é castigado". O erro desse tipo de oração está em passar a idéia de que Deus é convencido por uma simples repetição de palavras e por algumas folhas multiplicadas. A esse respeito, Jesus tem um ensinamento: **"Nas vossas orações, não multipliqueis as palavras, como fazem os pagãos que julgam que serão ouvidos à força de palavras. Não os imiteis, porque vosso Pai sabe o que vos é necessário, antes que vós lho peçais" (Mt 6,7)**.

Dar crédito a esse tipo oração é acreditar que Deus castiga aquilo que não é pecado e leva a imaginar que Ele tem a obrigação de atender os pedidos de quem copiou várias vezes uma oração. Se isso é possível, Deus deixa de ser Deus para estar condicionado à vontade dos homens.

As principais condições para ser atendido por Deus são:

— oração confiante feita com o coração, e não somente com os lábios:

"invoca-me, e te responderei, revelando-te grandes coisas misteriosas que ignoras" (Jr 33,3).

— santidade de vida:

> **"Então às tuas invocações, o Senhor responderá, e a teus gritos dirá: Eis-me aqui. Se expulsares de tua casa toda a opressão, os gestos malévolos e as más conversações; se deres do teu pão ao faminto, se alimentares os pobres, tua luz levantar-se-á na escuridão, e tua noite resplandecerá como o dia pleno" (Is 58,9-10).**

Quanto às ameaças de coisas ruins para quem quebra uma corrente de oração, o verdadeiro filho de Deus não tem esse medo. Existe uma promessa maior do que toda a influência do mal: **"porque escolheste o Senhor por teu refúgio. Escolheste, por asilo, o Altíssimo. Nenhum mal te atingirá, nenhum flagelo chegará à tua tenda, porque aos seus anjos ele mandou que te guardem em todos os teus caminhos" (Sl 90,9-11).**

Quebrar espelho

Alguns dizem: "Quem quebra um espelho atrai má sorte para a sua vida". No passado, por falta de conhecimento, existia a crença de que a imagem refletida no espelho era parte do espírito da pessoa. Por isso, se o espelho quebrasse, o mesmo aconteceria com o espírito. Crer em tal mentira é transferir para um objeto sem vida um poder que pertence a Deus: **"O espírito do homem é a lâmpada do Senhor: ela penetra os mais íntimos recantos das entranhas" (Pr 20,27).**

Ferradura e outros amuletos

A crença popular afirma que pendurar uma ferradura atrás da porta atrai sorte e afasta o demônio. Na Roma antiga os cavalos dos nobres tinham ferraduras de ouro ou de prata, por isso quem encontrava uma ferradura possuía um tesouro. Também existia a falsa história de um santo que era ferreiro e conseguiu prender o diabo. Para ganhar a liberdade o demônio prometeu que nunca entraria onde houvesse uma ferradura. No século IV os bispos proibiram aos católicos essa superstição, pois a vitória contra o mal vem de Jesus: **"Estes milagres acompanharão os que crerem: expulsarão os demônios em meu nome" (Mc 16,17)**. O mesmo vale para qualquer outro amuleto ou talismã (trevo de quatro folhas, arruda, duendes, gnomos...).

Capítulo 7

Papai Noel

Todos os anos, no mês de dezembro, aparece a figura de um bom velhinho de barba branca chamado Papai Noel, que traz presentes na noite de Natal. Esse costume tem a sua origem na veneração muito antiga de São Nicolau, bispo de Mira (Turquia). Foi chamado de bispo das crianças e dos necessitados.

Poucos santos gozaram de tanta popularidade, e a poucos se atribuiu tão grande número de milagres. Entre esses milagres destaca-se a ressurreição de dois rapazes. São Boaventura contou em um sermão que São Nicolau entrou em uma estalagem, onde o dono havia matado dois rapazes e se preparava para servi-los aos clientes. São Nicolau devolveu a vida aos rapazes e converteu seu assassino.

Também é reconhecido como padroeiro dos marinheiros, porque, estando um navio em meio a uma terrível tempestade em alto-mar, seus tripulantes começaram a rezar: "Oh Deus, pelas orações de nosso bom bispo Nicolau, salva-nos". E imediatamente viram aparecer no barco São Nicolau. Ele abençoou o mar, veio a calmaria, e a seguir desapareceu.

O costume de esperar algum presente de São Nicolau vem do modo como socorria os mais pobres. Saía à noite para ninguém saber quem os ajudava. Famosa é a história do modo como ajudou três moças a realizarem seu casamento. Naquele tempo era necessário dar um dote para o noivo, e o pai das moças era pobre. Não tendo como resolver esse problema, o pai pensava mandá-las para uma casa de prostituição. Sabendo do fato, São Nicolau certa noite jogou uma bolsa com moedas de ouro no quarto do pai. O pai, maravilhado com o dinheiro inesperado, casou a filha mais velha. O bom bispo usou o mesmo recurso para o casamento da segunda. Quando o santo se preparava para entregar escondido o dote da terceira, foi descoberto. O pai reconheceu-o, atirou-se aos seus pés arrependido e agradecido. Espalhou para toda a região como São Nicolau havia presenteado suas filhas. Sua generosidade se espalhou, e as pessoas recorriam a ele em suas necessidades. Com sua morte os milagres começaram a se multiplicar, assim como a sua fama.

Em muitos países da Europa e de outros continentes, devido ao gesto de presentear quem necessitava, foi transformado em um dos símbolos da festa de Natal.

De São Nicolau a Papai Noel

No século XVI, os holandeses emigraram para os Estados Unidos levando a tradição de celebrar São Nicolau (Sinter Klaas em holandês). Começa o processo de americanização, isto é, mudança de história e imagem. Lentamente desaparece a imagem do homem cheio do amor de Deus que socorre quem precisa. Transforma-se em um velhinho simpático em um trenó puxado por renas, que dá fortes risadas e saudações e que entra pelas chaminés para deixar os presentes para as crianças boas... A popularidade mundial desse Papai Noel com jaqueta, calça e gorro vermelhos aconteceu em uma campanha publicitária da Coca-Cola em 1931.

O cristão e Papai Noel

As crianças esperam com ansiedade a noite de Natal para receber algum presente de Papai Noel e nem sempre associam esse momento com o nascimento do Filho de Deus. Por isso, é importante resgatar a bonita origem da história do bom velhinho, associando-o ao acontecimento do Natal. A bondade de São Nicolau era o modo de agradecer a Deus pelo grande presente de Natal: Jesus Cristo. Quem tem a Ele é bom com seus semelhantes. Para São Nicolau presentear uma criança ou necessitado era o melhor modo para testemunhar o amor a Deus. O verdadeiro amor manifesta-se por gestos. Cada pessoa é a oportunidade para amar a Jesus: **"Tive fome e me destes de comer; tive sede e me destes de beber; era peregrino e me acolhestes; nu e me vestistes; enfermo e me visitastes; estava na prisão e viestes a mim... todas as vezes que fizestes isto a um destes meus irmãos mais pequeninos, foi a mim mesmo que o fizestes" (Mt 25,35-36.40)**.

O resgate da figura de São Nicolau como um dos símbolos do Natal ajuda as crianças a serem também generosas com outras crianças.

Capítulo 8

Aborto

Um dos temas mais quentes da atualidade é a questão do aborto. Existem aqueles que o condenam radicalmente afirmando: "No atual nível de conhecimentos científicos não se pode honestamente pôr em dúvida que a prática abortista seja a eliminação de um ser humano. É uma modalidade de aplicar a pena de morte a um inocente, e isso sem processo legal e regular. No caso de estupro, que culpa tem o feto do crime do estuprador? Paga pelo que não cometeu. É uma vítima da própria mãe. O mesmo se diga das razões genéticas. Por toda parte se defende a morte a quem a natureza não beneficiou com uma formação normal. Qual a diferença da morte antes ou depois de vir à luz? Assassinar no seio da mãe ou fora dele?" (Cardeal D. Eugênio de Araújo Sales, *Voz do Pastor* de 28/7/00). No outro extremo encontram-se aqueles que defendem a legalização do aborto usando principalmente dois argumentos: a mulher tem o poder para dispor do seu corpo do modo mais conveniente; é o melhor meio para acabar com o mal causado pelos abortos ilegais.

Bíblia e aborto

O ponto de partida para esclarecer essa questão polêmica é buscar a orientação da Sagrada Escritura. Nela não encontraremos especificamente a palavra aborto, porque Deus é o doador da vida e não da morte. O ser humano não é uma simples soma de células reunidas ao acaso. Deus é quem está na origem da vida de cada pessoa: **"Deus criou o homem à**

sua imagem; criou-o à imagem de Deus, criou o homem e a mulher" (Gn 1,27).

Também é importante perguntar: Deus considera o bebê no ventre da mãe uma pessoa? A resposta a encontramos no **Sl 139,13-15: "Sim! Pois tu formaste os meus rins, tu me teceste no seio materno. Eu te celebro por tanto prodígio e me maravilho com tuas maravilhas! Conhecias até o fundo do meu ser: meus ossos não te foram escondidos quando eu era feito, em segredo, tecido na terra mais profunda. Teus olhos viram o meu embrião. No teu livro estão todos inscritos os dias que foram fixados e cada um deles nele figura"**[1]. A vida humana começa, segundo essas palavras, antes do nascimento; o salmista revela que Deus já o conhecia desde o **"seio materno"**. Também ao profeta Jeremias, Deus disse: **"Antes que no seio fosses formado, eu já te conhecia; antes do teu nascimento, eu já te havia consagrado" (Jr 1,5)**. O ser humano no ventre materno é uma criança: **"Ora, apenas Isabel ouviu a saudação de Maria, a criança estremeceu no seu seio" (Lc 1,41)**. E de João Batista também foi dito: **"porque será grande diante do Senhor... e desde o ventre de sua mãe será cheio do Espírito Santo" (Lc 1,15)**. São Paulo escreve em **Gl 1,15**: **"Mas, quando aprouve Àquele que me reservou desde o seio de minha mãe e me chamou pela sua graça"**. Em todas essas passagens Deus trata aos bêbes ainda no seio materno com a dignidade de pessoas muito amadas.

O homem e a mulher não têm o poder de tirar a vida de ninguém, muito menos de um ser indefeso. Somente Deus é o dono da vida: **"O Senhor dá a vida e a morte" (1Sm 2,6)**. Nessa visão o aborto vai contra o quinto mandamento **"Não matarás" (Ex 20,13)**.

1. Fonte: Bíblia de Jerusalém.

O aborto e o ensino da Igreja

Desde do início do cristianismo, a Igreja foi contrária ao aborto. No Didaqué, catecismo dos primeiros cristãos escrito no fim do séc. I d.C, é ensinado: "...Não mate a criança no seio de sua mãe, nem depois que ela tenha nascido" (2,2). No decorrer da história, os Padres da Igreja, seus pastores e doutores foram unânimes em afirmar que o aborto é uma falta grave.

O papa João Paulo II, na encíclica *Evangeliun Vitae* (Evangelho da Vida), diz:

> "A vida humana é sagrada e inviolável em cada momento da sua existência, inclusive na fase inicial que precede o nascimento. Desde o seio materno, o homem pertence a Deus que tudo perscruta e conhece, que o forma e plasma com suas mãos, que o vê quando ainda é um pequeno embrião informe, e que nele entrevê o adulto de amanhã, cujos dias estão todos contados e cuja vocação está já escrita no 'livro da vida' **(cf. Sl 139,13-16).** Quando está ainda no seio materno — como testemunham numerosos textos bíblicos —, já o homem é objeto muito pessoal da amorosa e paterna providência de Deus" (EV 3§61). "O Magistério pontifício mais recente reafirmou, com grande vigor, esta doutrina comum. Em particular Pio XI, na encíclica *Casti connubii,* rejeitou as alegadas justificações do aborto; Pio XII excluiu todo o aborto direto, isto é, qualquer ato que vise diretamente destruir a vida humana ainda não nascida, 'quer tal destruição seja pretendida como fim ou apenas como meio para o fim'; João XXIII corroborou que a vida humana é sagrada, porque 'desde o seu despontar empenha diretamente a ação criadora de Deus'. O Concílio Vaticano II, como já foi recordado, condenou o aborto com grande severidade: 'A vida deve, pois, ser salvaguardada

com extrema solicitude, desde o primeiro momento da concepção; o aborto e o infanticídio são crimes abomináveis'" (EV 3§63).

No *Catecismo da Igreja Católica* está escrito:

"A vida humana deve ser respeitada e protegida de maneira absoluta a partir do momento da concepção. Desde o primeiro momento de sua existência, o ser humano deve ver reconhecidos os seus direitos de pessoa, entre os quais o direito inviolável de todo ser inocente à vida" (CIC 2270).

"Visto que deve ser tratado como uma pessoa desde a concepção, o embrião deverá ser defendido em sua integridade, cuidado e curado, na medida do possível, como qualquer outro ser humano.

O *diagnóstico pré-natal* é moralmente lícito 'se respeitar a vida e a integridade do embrião e do feto humano, e se está orientado para a sua salvaguarda ou a sua cura individual... Está gravemente em oposição com a lei moral quando prevê, em função dos resultados, a eventualidade de provocar um aborto. Um diagnóstico não deve ser o equivalente de uma sentença de morte'" (CIC 2273).

ESTE É O MEU CORPO

Pe. Frank Pavone

(Diretor nacional de Sacerdotes para a Vida — EUA)

Perceberam que as mesmas quatro palavras que usou Nosso Senhor Jesus Cristo para salvar o mundo são usadas por alguns para promover o aborto? "Este é o meu corpo." As mesmas simples palavras, pronunciadas em extremos opostos do universo, com significados diametralmente opostos entre si.

Quando o Senhor Jesus tomou o pão, o abençoou, o partiu e o deu a seus discípulos, dizendo: "Este é o meu corpo, que será entregue por vós", estava pensando em que aconteceria no dia seguinte, quando entregaria aquele mesmo corpo na cruz. Ele sacrifica a si mesmo para que nós vivamos. Ele entrega o seu corpo para destruir o poder do pecado e da morte. E como resultado, nos admite na sua vida e no seu Reino. Ele nos transforma em parte do seu corpo!

Em contrapartida, os que promovem o aborto dizem: "Este é o meu corpo, não interfiram nele! É meu, e posso fazer com ele o que quiser, até o ponto de matar a nova vida que está dentro dele. Tudo está subordinado ao meu domínio sobre o meu corpo". De fato um professor a favor do aborto escreveu: "Eu falo que o Deus (dos pró-vida) não vale nada em comparação com o meu corpo" (Michelle Goldberg, *Rant for Choice*, periódico dos estudantes da Universidade de Búfalo, 1995).

"Este é o meu corpo." Palavras parecidas, resultados opostos. Cristo entrega o seu corpo para que outros vivam; os que promovem o aborto reivindicam seu corpo para que outros morram. Entregando o seu corpo, Cristo nos mostra o sentido do amor: me sacrifico para o bem do outro. O aborto representa o oposto do amor: sacrificar o outro para o meu benefício!

Nós não encontramos a felicidade e a realização eliminando outros do caminho, mas cedendo a outros o caminho. O Papa João Paulo II afirma:

> "'Ele, que não veio para ser servido, mas para dar a sua vida em resgate por muitos' **(Mc 10, 45)**, alcança na cruz a plenitude do amor. 'Ninguém tem maior amor de quem dá a vida para os seus amigos' **(Jo 15,13)**. E Ele morreu por nós, mesmo sendo pecadores (cf. 5,8)".

Desse modo proclama que a vida encontra o seu centro, o seu sentido e a sua plenitude quando se entrega...

Também nós somos chamados a dar a nossa vida para os irmãos, realizando desse modo em plenitude de verdade o sentido e o destino da nossa existência.

"Este é o meu corpo." Não é por acaso que as mesmas palavras se usem para propósitos tão diferentes. Aqui se trata de um conflito espiritual. Nós ganharemos na nossa vida e no mundo, vivendo estas palavras na entrega da nossa própria vida por amor.

Um ponto de vista da medicina

O Senado norte-americano, impressionado pela problemática do aborto, pôs-se a considerá-la com seriedade. E, a fim de tomar posição, procurou informações dos cientistas a respeito do momento em que o concepto pode ser considerado autêntico indivíduo humano, pois tal questão é decisiva para se definirem os direitos da criança. Em vista de uma resposta, foi consultado, entre outros, o prof. Jérôme Lejeune, francês; os títulos e méritos desse mestre e sua posição se acham expostos no texto que transcrevemos a seguir e que corresponde ao relatório apresentado à Comissão Senatorial encarregada do inquérito, em 23 de abril de 1981. O próprio autor deu a seu trabalho o título de Testemunho.

O TESTEMUNHO DO DR. JÉRÔME LEJEUNE

"Meu nome é Jérôme Lejeune. Doutor em Medicina e em Ciências, sou responsável pela Clínica e pelo Laboratório de Genética do Hospital de Pediatria destinado aos pacientes feridos por debilidade mental. Após ter pesquisado em tempo integral durante dez anos, tornei-me professor de Genética Fundamental na Universidade René Descartes.

Há cerca de 23 anos descrevi a primeira doença cromossômica em nossa espécie, devida ao cromossomo 21 extranumerário, típico do mongolismo. Em conseqüência, tive a honra de receber o Prêmio Kennedy das mãos do falecido presidente e a William Allen Memorial Medal da Sociedade Americana de Genética Humana. Sou membro da American Academy of Arts and Sciences.

Com meus colegas do Instituto de Genética de Paris, nos dedicamos à descrição das etapas fundamentais da hereditariedade humana. Pelo estudo comparativo de numerosas espécies de mamíferos, inclusive os símios antropóides, estudamos as variações cromossômicas registradas no decorrer da evolução. Na espécie humana, analisamos mais precisamente os efeitos desfavoráveis de certas aberrações cromossômicas.

Nesses anos demonstramos pela primeira vez que uma doença cromossômica pode ser combatida por um tratamento adequado... Mostramos que um tratamento químico pode curar a lesão cromossômica em culturas de tecidos. Mais: uma dosagem apropriada de produtos químicos (monocarbonatos e suas moléculas vetoras) melhora simultaneamente o comportamento e as atividades mentais das crianças afetadas. Assim a pesquisa meticulosa realizada sobre certos mecanismos da vida pode levar a uma proteção direta de vidas humanas em perigo.

Quando começa um ser humano?

Desejo trazer a essa questão a resposta mais exata que a ciência pode atualmente fornecer. A biologia moderna ensina que os ancestrais são unidos aos seus descendentes por um liame material contínuo, pois é da fertilização da célula feminina (o óvulo) pela célula masculina (o espermatozóide) que emerge um novo indivíduo da espécie humana.

A vida tem uma longa história, mas cada indivíduo tem o seu início muito preciso, o momento de sua concepção.

O liame material é o filamento molecular do ADN. Em cada célula reprodutora, essa fita, de um metro de comprimento aproximadamente, é cortada em segmentos (23, na nossa espécie). Cada segmento é cuidadosamente enrolado e empacotado (como uma fita magnética em minicassete), tanto que no microscópio aparece como um bastonete: um cromossomo.

Desde que os 23 cromossomos do pai se juntam aos 23 cromossomos da mãe, está coletada toda a informação genética necessária e suficiente para exprimir todas as características inatas do novo indivíduo. Isso se dá à semelhança de um minicassete introduzido num gravador; sabe-se que produz uma sinfonia. Assim também o novo ser começa a se exprimir logo que foi concebido.

As ciências da natureza e as ciências jurídicas falam a mesma linguagem. A respeito de um indivíduo que goza de boa saúde, o biólogo diz que tem boa constituição; a respeito de uma sociedade que se desenvolve harmoniosamente para o bem de todos os seus membros, o legislador afirma que ela tem uma Constituição equilibrada.

Um legislador não consegue entender uma lei particular antes que todos os seus termos tenham sido clara e plenamente definidos. Mas, quando toda essa informação lhe é oferecida e a lei foi votada, ele pode ajudar a definir os termos da Constituição.

Como trabalha a natureza?

Trabalha de modo análogo. Os cromossomos são as tábuas da lei da vida; quando eles são reunidos no novo indivíduo (a votação da lei é figura da fecundação do óvulo pelo esperma), eles descrevem inteiramente a Constituição dessa nova pessoa.

É surpreendente a miniaturização da escrita. É difícil crer, embora esteja acima de qualquer dúvida, que toda a informação genética, necessária e suficiente para construir nosso corpo e até nosso cérebro (o mais poderoso engenho para resolver problemas, capaz até de analisar as leis do universo), possa ser resumida a tal ponto que seu substrato material possa subsistir na ponta de uma agulha!

Mais impressionante ainda é a complexa soma de informação genética por ocasião do amadurecimento das células reprodutoras, a tal ponto que cada concepto recebe uma combinação inteiramente original, que nunca se produziu antes e que não se reproduzirá tal qual no futuro. Cada concepto é único e, portanto, insubstituível. Os gêmeos idênticos e os hermafroditas verdadeiros são exceções à regra: cada ser humano é uma combinação genética. E notemos que as exceções devem ocorrer no momento da concepção. Acidentes posteriores não levam a um desenvolvimento harmonioso.

Todos esses fatos são conhecidos há muito tempo; todos os cientistas já outrora estariam de acordo em dizer que, se existissem bebês de provetas, eles evidenciariam a autonomia do concepto; a proveta não possuiria nenhum título de propriedade sobre eles. Ora os bebês de proveta já existem.

Experiências recentes

Quantas células são necessárias para a construção de um indivíduo?

A resposta nos é dada por experiências recentes.

Se conceptos precoces de camundongos são tratados com enzimas, as suas células se desagregam. Se, porém, misturarmos tais suspensões celulares provenientes de embriões diferentes, veremos que as células voltam a se reunir. O número máximo de células que operam para a elaboração de um indivíduo é três.

O ovo fecundado normalmente divide-se em duas células: uma delas se divide imediatamente de novo. Assim se forma o número ímpar e surpreendente de três células, encapsuladas em seu invólucro protetor.

Segundo os nossos mais adiantados conhecimentos, a individuação (ou a formação de três células fundamentais) é a primeira etapa após a concepção, à qual se segue dentro de poucos minutos.

Tudo isso explica por que os doutores Edwards e Steptoe puderam ser testemunhas de fecundação, em proveta, de um óvulo da Sra. Brown por um espermatozóide do Sr. Brown. O minúsculo concepto que eles implantaram alguns dias mais tarde no útero da Sra. Brown não podia ser nem um tumor, nem um animal. Era, na verdade, a extremamente jovem Luísa Brown, que tem hoje a idade de três anos.

A viabilidade do concepto é extraordinária. Por experiência, sabemos que um concepto de camundongo pode ser congelado ao frio intenso (até de 29 graus) e, depois de reaquecimento delicado, ser implantado com êxito. Para que haja o ulterior crescimento, requer-se necessariamente a acolhida numa mucosa uterina que forneça a alimentação apropriada à placenta embrionária. No interior da sua cápsula vital, que é a bolsa amniótica, o novo indivíduo é tão viável quanto um astronauta dentro do seu escafandro sobre a Lua: o abastecimento de fluidos vitais deve ser fornecido pelo organismo da mãe. Essa alimentação é indispensável à sobrevivência, mas ela não 'faz' a criança; da mesma forma nem a nave espacial mais aperfeiçoada pode produzir um astronauta. Essa comparação ainda é mais significativa quando o feto se mexe. Graças a uma aparelhagem ultra-sônica muito requintada, o professor Ian Donald, da Inglaterra, conseguiu produzir no ano passado um filme que mostra a mais jovem "estrela" do mundo, ou seja, um bebê de onze semanas a dançar no útero materno. O bebê, pode-se dizer, brinca no trampolim! Dobra os joelhos, apóia-se na parede, levanta-se e cai. Visto que o seu corpo tem a densidade do fluido amniótico, ele não sente a gravidade e dança muito lentamente, com uma graça e uma elegância totalmente impossíveis em algum outro lugar da terra. Somente os astronautas, em suas condições de não gravidade, conseguem tal suavidade de movimentos. A propósito notamos que, quando se tratava da primeira caminhada no espaço, os técnicos tiveram de escolher o lugar onde desembocariam os tubos portadores dos fluidos vitais. Escolheram então finalmente a fivela do cinturão do escafandro, reinventando assim o cordão umbilical.

Quando tive a honra de dissertar perante o Senado, tomei a liberdade de evocar o conto de fada do homem menorzinho do que o dedo mindinho.

Com dois meses de idade, o ser humano tem menos de um polegar de comprimento, desde o ápice da cabeça até a ponta do traseiro. Ele estaria muito à vontade numa casca de nozes, mas tudo já se encontra nele: as mãos, os pés, a cabeça, os órgãos, o cérebro, tudo está no seu lugar certo. O coração já bate há um mês. Olhando de mais perto, veríamos as dobras das suas palmas de mão e uma quiromante leria as mãos dessa minúscula pessoa. Com uma boa lente de aumento, descobriríamos as marcas digitais. Tudo estaria aí para se fazer a carteira de identidade desse indivíduo.

Com a extrema sofisticação da nossa tecnologia, podemos vislumbrar a vida privada dessa criaturinha. Aparelhos especiais gravam a música mais primitiva: um martelar surdo, profundo, regular, de 60/70 batidas por minuto (o coração da mãe) e uma cadência rápida, aguda, de 150/170 batidas por minuto (o coração do feto) se sobrepõem, imitando os compassos de orquestra e realizando os ritmos básicos de toda música primitiva, sem dúvida, porque é a primeira que o ouvido humano consegue ouvir.

Assim observamos o que o feto sente, ouvimos o que ele ouve, provamos o que ele saboreia e vimo-lo realmente dançar, cheio de graça e de juventude. A ciência transformou o conto de fada do Pequeno Polegar numa história verídica, história que cada um de nós viveu no seio de sua mãe.

E, para que melhor percebam a exatidão das nossas observações, acrescentamos: Se, logo depois da concepção, vários dias antes da implantação, uma única célula fosse retirada desse indivíduo semelhante a uma amora minúscula, poderíamos cultivar essa célula e examinar os seus cromossomos. Se um estudante, observando-a ao microscópio, não fosse capaz de reconhecer o número, a forma e o aspecto das fitas de seus cromossomos, se ele não soubesse dizer com certeza se essa célula provém de um símio ou de um ser humano, seria reprovado no exame.

Aceitar o fato de que, após a fecundação, um novo indivíduo começou a existir já não é questão de gosto ou de opinião. A natureza humana do ser humano, desde a concepção até a velhice, não é uma hipótese metafísica, mas sim uma evidência experimental."

As considerações do prof. Jérôme Lejeune não deixam dúvida sobre o fato de que, quando se extrai do seio materno um feto, é um verdadeiro ser humano que vem assim extraído e... quem sabe condenado à morte!

CONFISSÃO DE UM EX-ABORTISTA
Dr. Bernard Nathanson

"Eu sou pessoalmente responsável por 65 mil abortos. Isso legitimiza minhas credenciais para falar com alguma autoridade sobre esse assunto. Eu fui um dos fundadores da NARAL (National Association for the Repeal of the Abortion Laws) nos EUA, em 1968. Nessa época, uma confiável pesquisa de opinião descobriu que a maioria dos americanos era contra o aborto permissivo. Em cinco anos tínhamos convencido a Suprema Corte a promulgar a decisão que legalizou o aborto nos EUA em 1973 e tornou legal o abortamento até o momento anterior ao nascimento. Como fizemos isso? É importante entender as táticas utilizadas porque elas têm sido usadas em todo o Ocidente com algumas pequenas mudanças, sempre com o intuito de mudar leis antiaborto.

A PRIMEIRA TÁTICA ERA GANHAR A SIMPATIA DA MÍDIA.

Persuadimos os meios de comunicação de que a razão de permitir o aborto era liberal, esclarecida, sofisticada. Sabendo que uma pesquisa confiável havia sido feita, o que muito nos prejudicaria, nós simplesmente fabricamos resultados de pesquisas fictícias. Anunciamos aos meios de comunicação que havíamos feito pesquisas e que 60% dos americanos eram favoráveis e permitiam o aborto. Essa é a tática da mentira bem fundamentada. Poucas pessoas gostam de fazer parte da minoria.

Conseguimos muitos simpatizantes para divulgar nosso programa de permissibilidade do aborto ao fabricarmos o número de abortos ilegais feitos nos EUA anualmente. Enquanto esse número era de aproximadamente 100 mil, dizíamos repetidamente aos meios de comunicação que era de 1 milhão. A repetição de uma grande mentira várias vezes convence o público. O número de mulheres que morriam em conseqüência de abortos ilegais era em torno de 250, anualmente. O número que constantemente dávamos aos meios de comunicação era 10 mil. Esses números falsos criaram raízes na consciência dos americanos, convencendo muitos da necessidade de revogação da lei contra o aborto. Outro mito que apresentamos ao público por meio da mídia era que a legalização do aborto seria a única forma de tornar legais os abortos que então eram feitos ilegalmente. O aborto está sendo atualmente utilizado como o principal método de controle de natalidade nos EUA e o número de abortos feitos anualmente cresceu em 1.500% desde a legalização.

A SEGUNDA TÁTICA ERA ATACAR O CATOLICISMO.

Sistematicamente difamamos a Igreja católica e suas 'idéias socialmente retrógradas' e apresentamos a hierarquia católica como a vilã que se opunha ao aborto. Essa música foi tocada incessantemente. Divulgávamos à mídia mentiras como: 'Todos sabemos que a oposição ao aborto vem da hierarquia e não da maioria dos católicos' e 'Pesquisas comprovam que a maioria dos católicos quer uma reforma na lei contra o aborto'. E a mídia martelava tudo isso sobre os americanos, persuadindo-os de que qualquer um que se opusesse ao aborto permissivo deveria estar sobre a influência da hierarquia católica e que católicos favoráveis ao aborto são esclarecidos e progressistas. Uma inferência dessa tática foi que não havia nenhum grupo não-católico oposto ao aborto. O fato de que outras religiões cristãs e não-cristãs eram (e ainda são) monoliticamente opostas ao aborto foi constantemente suprimido, assim como as opiniões de ateístas pró-vida.

A TERCEIRA TÁTICA ERA DENEGRIR E SUPRIMIR TODA EVIDÊNCIA DE QUE A VIDA SE INICIA NA CONCEPÇÃO.

Muitos me perguntam o que me fez mudar de pensamento. Como fui transformado de um proeminente abortista a advogado pró-vida? Em 1973 tornei-me diretor de obstetrícia de um grande hospital na cidade de New York e tive de iniciar uma unidade de pesquisa pré-natal, apenas como início de uma nova tecnologia que usamos agora para estudar o feto no útero. Uma tática pró-aborto favorita é insistir que a definição de quando a vida inicia é impossível; que essa questão é uma questão teológica, moral ou filosófica, nada científica.

A fetologia tornou inegável a evidência de que a vida se inicia na concepção e requer toda proteção e cuidado que qualquer em de nós necessita. Por que, vocês podem perguntar, alguns médicos americanos, cientes das descobertas da fetologia, desacreditam a si mesmos fazendo abortos? Simples aritmética: a US$ 300,00 cada, 1,55 milhões de abortos significam uma indústria de US$ 500.000.000,00 anuais, dos quais a maior parte vai para o bolso do médico que faz o aborto. É claro que a permissibilidade do aborto é claramente a destruição do que é, inegavelmente, uma vida humana. É um inadmissível ato de violência. Todos devem reconhecer que uma gravidez não planejada é um dilema muito difícil. Mas procurar por sua solução num deliberado ato de destruição é desprezar a vasta quantidade de recursos do gênio humano e abandonar o bem-estar da população a uma clássica resposta utilitarista aos problemas sociais.

COMO CIENTISTA SEI AGORA — NÃO APENAS ACREDITO — QUE A VIDA HUMANA SE INICIA NA CONCEPÇÃO.

Embora não seja um religioso praticante, acredito de todo o meu coração que há uma Divindade que nos leva a desejar um fim completo a esse infinitamente triste e vergonhoso crime contra a humanidade."

(Dr. Nathanson converteu-se ao catolicismo, sendo batizado em 1996.)

Capítulo 9

Cremação

Quando se fala de morte, existe uma pergunta freqüente: a Igreja permite a cremação dos corpos?. Apesar de ser um costume antigo de muitos povos, o cristianismo, devido à crença na ressurreição dos corpos, nunca aceitou a cremação. A proibição chegou ao fim em 1963. No *Novo Direito Canônico* está escrito: "A Igreja recomenda vivamente que se conserve o piedoso costume de sepultar os corpos dos defuntos; mas não proíbe a cremação, a não ser que tenha sido preferida por razões contrárias à doutrina cristã" (Cân. 1176 § 3). O *Catecismo da Igreja Católica* segue a mesma orientação: "A Igreja permite a incineração se esta não manifestar uma posição contrária à fé na ressurreição dos corpos" (CIC 2301).

O procedimento com as cinzas é o mesmo dado ao corpo de um falecido, isto é, deve-se usar um recipiente digno e depositá-las em um lugar apropriado (túmulo ou nicho). Não é recomendado o costume de espalhar as cinzas no mar, no ar, em um jardim ou mantê-las em casa.

Uma das dúvidas quanto à cremação é: como se dará a ressurreição dos corpos no dia do juízo final? O *Catecismo da Igreja Católica* ensina que a ressurreição acontece do seguinte modo: "Na morte, que é separação da alma e do corpo, o corpo do homem cai em corrupção, ao passo que a sua alma vai ao encontro de Deus, ficando à espera de ser novamente unida ao seu corpo glorificado. Deus na sua onipotência restituirá definitivamente a vida incorruptível aos nossos corpos unindo-os às nossas almas, pela virtude da Ressurreição de Jesus" (CIC 997).

Tanto no enterro normal, como na cremação, o fim é semelhante: a decomposição do corpo. Também existem os casos extremos das pessoas atingidas por acidentes, incêndios, naufrágios, bombas... Em nenhuma dessas situações deve existir dúvida.

O *Catecismo* afirmou que a alma vai ao encontro de Deus, ficando à espera de ser novamente unida ao seu corpo glorificado. Que corpo é esse, aquele que foi enterrado ou outro? Não existe uma descrição detalhada. São Paulo revela que Jesus Cristo **"transformará nosso mísero corpo, tornando-o semelhante ao seu corpo glorioso" (Fl 3,21)** e será **"corpo espiritual" (1Cor 15,44)**. Para entender o significado do corpo glorificado e espiritual, precisamos olhar para o corpo do Cristo ressuscitado: era Ele próprio, mas já não mais sujeito às leis do seu corpo antes da morte. Por isso, os discípulos de Emaús **"não o reconheceram" (Lc 24,16)**. Os primeiros cristãos chamavam a ressurreição dos corpos de *paleo génesis*, isto é, uma nova criação.

Capítulo 10

Doação de órgãos

Há algumas décadas o transplante de orgãos tornou-se uma especialidade médica, introduzida em praticamente todo o mundo com notáveis resultados. Essa prática parte do princípio de que o uso de órgãos de um cadáver, desde que seja para uma pessoa viva, tem a sua justificação lógica e moral, uma vez que o direito à vida é mais importante que a morte.

A Igreja se pronunciou favoravelmente na medida em que tal atitude significa um dom aos irmãos mais necessitados. Já em 1956 o Papa Pio XII dizia: "É preciso educar o povo e explicar-lhe inteligente e respeitosamente que consentir expressa ou tacitamente danos reais para a integridade do cadáver, em prol daqueles que sofrem, não ofende a piedade devida ao defunto, uma vez que haja para tal razões legítimas". João Paulo II, por ocasião do XVIII Congresso Internacional da Sociedade de Transplantes, em 22 de agosto de 2000, afirmou: "Os transplantes são uma grande conquista da ciência ao serviço do homem e nos nossos dias não são poucos aqueles que devem a própria vida ao transplante de um órgão. Portanto, a técnica dos transplantes revela-se cada vez mais como um instrumento precioso na consecução da finalidade primária de toda a medicina: o serviço à vida humana. Por essa razão, na Carta Encíclica *Evangelium vitae* recordei que, entre os gestos que concorrem para alimentar uma autêntica cultura da vida, 'merece particular apreço a doação de órgãos feita, segundo formas eticamente aceitáveis, para oferecer uma possibilidade de saúde e até de vida a doentes, por vezes já sem esperança'" (n. 86).

Portanto, a única condição é a de respeitar de modo absoluto a liberdade e a consciência do doador sem prejudicá-lo em nada.

Em contrapartida, a escassez de doadores obriga a custosos tratamentos para algumas enfermidades. Assim, por exemplo, em nível mundial, 80% dos enfermos renais não possuem dinheiro suficiente para uma diálise. Muitos perdem a vida esperando algum doador. Esses fatos demonstram a urgência de que todos tomem consciência da importância da doação de órgãos.

Além disso, têm acontecido vários casos de negligência culposa ou deliberada contra a integridade das pessoas. Trata-se do chamado "turismo dos transplantes": doentes de países ricos que viajam para o terceiro mundo (Índia, Tailândia...), conseguindo aí doadores de órgãos a preços baixos. Existem estimativas mostrando que daqui a alguns anos a maioria dos pobres da Índia terá somente um rim. Na América Latina são conhecidos os casos de tráfico de órgãos, chegando ao seqüestro de crianças e jovens, especialmente do Paraguai e do Brasil.

Mesmo diante desses problemas, não se pode perder de vista o valor positivo e solidário da doação livre e consciente de órgãos, especialmente depois da morte.

Depoimento de uma pessoa que voltou a viver

"A doação de córnea, na minha concepção, não deveria ser um direito, e sim uma obrigação. E não só a córnea, mas qualquer órgão.

Por que não permitir que uma pessoa possa enxergar, se já não mais vamos utilizar o órgão quando falecemos? Por que não dar o direito a alguém poder ver como a vida é bela?

Poder viver. Poder continuar a caminhada que o doador não pode, talvez porque o Altíssimo assim quis!

É muito difícil relatar o sofrimento de alguém que não enxerga mais e sentir que, pouco a pouco, vai perdendo a visão, esta vai piorando e perceber a dificuldade de ler e de dirigir. No meu caso, o dia era noite. E, assim, como era difícil e impossível dirigir, pois a visão ficava turva, eu não tinha nenhum reflexo. Mas o inferno em que eu vivia, a noite que me envolvia, só eu, Deus meu, conhecia. Eu era uma moça triste, solitária, apesar de bem casada.

Até a minha vida cultural estava profundamente afetada, pois a cinema não ia mais, nem a vídeo assistia, já que, com a distância, a minha visão era só de 20%, enquanto depois da cirurgia, a mesma já alcançou a margem de 80% com tendência a atingir 100%. E graças ao transplante de córnea posso dizer que sou uma pessoa feliz e que acredita no ser humano, pois graças à pessoa que doou a córnea pude voltar a enxergar e ver com os meus próprios olhos como a vida é bela, e que sempre se deve acreditar no próximo. Hoje, voltei a ser alegre."

Capítulo 11

Divórcio

As pesquisas mostram um dado triste e alarmante da situação da família: o número de separações é maior do que o de casamentos. Fica evidente o questionamento do valor da instituição familiar, e assim é colocado em dúvida o sacramento do matrimônio. Cresce o número de casais que passam a morar juntos sem nenhum vínculo civil ou religioso. Também existem aqueles que pregam não ser mais necessária a família estável, incentivando relações sem compromisso ou com o único propósito de ter um filho. Já se fala até de filhos nascidos por inseminação artificial, isto é, sem o contato entre o homem e a mulher.

Diante dessa situação surge uma pergunta: o casamento é uma realidade que diz respeito somente ao casal ou existe algo a mais?

Bíblia, Igreja e matrimônio

A Sagrada Escritura, já nas suas primeiras páginas, apresenta o matrimônio como uma realidade sagrada, instituída pelo próprio Deus. Ele criou o homem e a mulher como fruto do Seu infinito amor. Desse modo, quis capacitá-los a viverem entre si esse mesmo amor, e o meio escolhido foi o casamento: **"Deus, criou o homem à sua imagem; criou-o à imagem de Deus, criou o homem e a mulher. Deus os abençoou: Frutificai, disse ele, e multiplicai-vos..." (Gn 1,27-28)**. Recebem a missão de testemunhar em sua união o fruto do verdadeiro amor vindo de Deus: **"Por isso o homem deixa o seu pai e a sua mãe para se unir à sua mulher; e já não são mais que uma só carne" (Gn 2,24)**. A expressão **uma só carne** recorda que o casamento é também uma união física (sexual). É interessante observar que é revelado como e onde a relação sexual é abençoada: primeiro **"o homem deixa seu pai e a sua mãe"** e depois **"para se unir à sua mulher"**. Porém, é necessário não perder de vista outra dimensão apresentada por João Paulo II: "A palavra bíblica 'carne' não recorda apenas o aspecto físico do homem, mas a sua identidade global de espírito e de corpo. O que os esposos realizam não é só um encontro corpóreo, mas uma verdadeira união das suas pessoas. Uma união tão profunda, que os torna de certa forma um reflexo do 'Nós' das Três pessoas divinas na história[1]".

Quando se discute o valor da família como uma instituição para toda a vida, é importante recordar o diálogo de Jesus com os fariseus: **"Vieram perguntar-lhe para pô-lo à prova: É permitido a um homem rejeitar sua mulher por um motivo qualquer?" (Mt 19,3)**. O Senhor evita qualquer discussão polêmica e ao mesmo tempo recorda as Escrituras: **"Não lestes que o Criador, no começo, fez o homem e a mulher e disse: Por isso, o homem deixará seu pai e sua mãe e se unirá à sua mulher; e os dois formarão uma só carne" (Mt 19,4-5)**.

Jesus eleva o matrimônio à dignidade de sacramento, isto é, um canal para receber a graça de Deus. Nesse sentido, a união dos esposos cristãos simboliza a união total no amor e no sacrifício de Cristo com a Igreja: **"Maridos, amai vossas mulheres, como Cristo amou a Igreja e se entregou por ela. Este mistério é grande, quero dizer, com referência a Cristo e à Igreja" (Ef 5,25.32)**. Diante de tal grandeza de fé, São Paulo os alerta: **"Já não vos pertenceis" (1Cor 6,19)**.

1. João Paulo II, *Carta às famílias*, n. 8.

Membros de Cristo, o casal está "no Senhor", e também a sua união acontece "no Senhor". Essa docilidade da Igreja a Cristo e o amor do Cristo pela Igreja transforma-se na regra de vida que os casais devem seguir. Na *Carta às famílias*, o Papa João Paulo II diz: "A própria família é o grande mistério de Deus. Como 'igreja doméstica', ela é 'esposa de Cristo... Somente se tomam parte em tal amor e nesse 'grande mistério', é que os esposos podem amar 'até o fim'...".

A sacramentalidade do matrimonio significa que a primeira coisa é a ação santificadora de Deus. É impossível ao homem e à mulher santificar o matrimônio e a família, se Deus não os consagra primeiro. Quando um homem e uma mulher desejam receber a bênção de Deus diante do Seu altar, entram no Seu plano para a união conjugal. Significa aceitar a ordem santa e santificada de Deus.

O *Catecismo da Igreja Católica* descreve a graça do sacramento do matrimônio com as seguintes palavras:

1641. "No seu estado de vida e na sua ordem (os esposos cristãos) têm no povo de Deus os seus dons próprios" (LG 11). Esta graça própria do sacramento do Matrimônio destina-se a aperfeiçoar o amor dos cônjuges e a fortalecer a sua unidade indissolúvel. Por meio desta graça, "eles auxiliam-se mutuamente para a santidade, pela vida conjugal e pela procriação e educação dos filhos" (LG 11) 4 (CE LG 41).

1642. *Cristo é a fonte desta graça*. "Assim como outrora Deus veio ao encontro do seu povo com uma aliança de amor e fidelidade, assim agora o Salvador dos homens e Esposo da Igreja vem ao encontro dos esposos cristãos com o sacramento do Matrimônio" (GS 48, § 2). Fica com eles, dá-lhes a coragem de O seguirem tomando sobre si a sua cruz, de se levantarem depois das quedas, de se perdoarem mutuamente, de levarem o fardo um do outro **(cf. Gl 6,2)**, de serem "submissos um ao outro no temor de Cristo" **(Ef 5, 22)** e de se amarem com um amor sobrenatural, delicado e fecundo.

Nas alegrias do seu amor e da sua vida familiar, Ele dá-lhes, já neste mundo, um antegosto do festim das núpcias do Cordeiro:

> Onde irei buscar forças para descrever, de modo satisfatório, a felicidade do Matrimônio que a Igreja orienta, que a oblação confirma e a bênção sela? Os anjos proclamam-no, o Pai celeste ratifica-o... Onde um casal como o de dois cristãos, unidos por uma só esperança, um único desejo, uma única disciplina, um mesmo serviço? Ambos filhos do mesmo Pai, servos do mesmo Senhor; nada os separa, nem no espírito nem no corpo; pelo contrário, eles são verdadeiramente dois numa só carne. Ora, onde a carne é só uma, o espírito também é uno (Tertuliano, *Ux.* 2, 9; cf. FC 13).

Para o mundo, o amor é um sentimento capaz de acabar; já para a Bíblia a realidade é completamente outra. Se o amor humano tem a sua origem em Deus, então é eterno. Deus jamais volta atrás com a sua palavra, mesmo diante do pecado do homem. O profeta Oséias usa a figura do casamento para falar do relacionamento de Deus com o seu povo: **"Desposar-te-ei para sempre, desposar-te-ei conforme a justiça e o direito, com benevolência e ternura"** (Os 2,21). Essas palavras foram escritas em um momento difícil da história de Israel. O povo estava distante da lei de Deus. Já não vivia de acordo com a aliança livremente assumida no monte Sinai. E, mesmo diante da traição, Deus continuou fiel às suas promessas.

O altar onde o casal apresenta seu amor para ser abençoado por Deus recorda o monte Calvário. Aí foi selada a nova e definitiva Aliança. O Papa João Paulo II diz: "... o matrimônio dos batizados torna-se assim o símbolo real da Nova e Eterna Aliança, decretada no Sangue de Cristo"[2].

2. João Paulo II, *Carta às famílias,* n. 13.

O *Catecismo da Igreja Católica* apresenta aos casais cristãos uma palavra de encorajamento, a fim de viverem sem medo a sua união:

1615. Esta insistência inequívoca sobre a indissolubilidade do laço matrimonial pode criar perplexidade e aparecer como uma exigência impraticável **(cf. Mt 19,10)**. No entanto, Jesus não impôs aos esposos um fardo impossível de levar e pesado demais **(cf. Mt 11,29-30)**, mais pesado que a Lei de Moisés. Tendo vindo restabelecer a origem original da Criação, perturbada pelo pecado, Ele próprio dá força e graça para viver o matrimônio na dimensão nova do Reino de Deus. É seguindo a Cristo, na renúncia a si próprios e tomando a sua cruz **(cf. Mc 8,34)**, que os esposos poderão "compreender" **(cf. Mt 19,11)** o sentido original do matrimónio e vivê-lo com a ajuda de Cristo. Esta graça do Matrimônio cristão é um fruto da Cruz de Cristo, fonte de toda a vida cristã.

Resumo do *Catecismo da Igreja Católica* sobre o matrimônio

1659. S. Paulo diz: "Maridos, amai as vossas mulheres, como Cristo amou a Igreja... É grande este mistério: refiro-me à relação entre Cristo e a sua Igreja" **(Ef 5,25.32).**

1660. O pacto matrimonial, pelo qual um homem e uma mulher constituem entre si uma íntima comunidade de vida e de amor, foi fundado e dotado de suas leis próprias pelo Criador. Por sua natureza é ordenado ao bem dos cônjuges como também à geração e educação dos filhos. Entre os batizados, foi elevado, por Cristo Senhor, à dignidade de sacramento.

1661. O sacramento do Matrimônio significa a união de Cristo com a Igreja. Concede aos esposos a graça de amarem-se com o mesmo amor com que Cristo amou sua Igreja; a graça do sacramento leva à perfeição o amor humano dos esposos, consolida sua unidade indissolúvel e os santifica no caminho da vida eterna.

1662. O Matrimônio se baseia no consentimento dos contraentes, isto é, na vontade de doar-se mutuamente e definitivamente para viver uma aliança de amor fiel e fecundo.

1663. Como o Matrimônio estabelece os cônjuges num estado público de vida na Igreja, convém que sua celebração seja pública no quadro de uma celebração litúrgica diante do sacerdote (ou de testemunha qualificada da Igreja), das testemunhas e da assembléia dos fiéis.

1664. A unidade, a indissolubilidade e a abertura à fecundidade são essenciais ao Matrimônio. A poligamia é incompatível com a unidade do matrimônio; o divórcio separa o que Deus uniu; a recusa da fecundidade desvia a vida conjugal de seu "dom mais excelente", a prole.

1665. O novo casamento dos divorciados ainda em vida do legítimo cônjuge contraria o desígnio e a lei de Deus, que Cristo nos ensinou. Eles não estão separados da Igreja, mas não têm acesso à comunhão eucarística. Levarão vida cristã principalmente educando seus filhos na fé.

Divórcio e Igreja

O divórcio é a separação do casal perante a lei civil. Algumas igrejas cristãs interpretam o divórcio civil como sendo também o fim do matrimônio, permitindo uma nova união. A Igreja católica não aceita tal posição. A fundamentação está na certeza de que o matrimônio cristão não depende de uma lei civil, mas diz respeito ao direito divino. Este foi o ensino de Jesus: **"não separe o homem o que Deus uniu" (Mt 19,6b)**. Para que não ficassem dúvidas quanto a estas suas palavras, acrescentou: "...**todo aquele que rejeita sua mulher, exceto**

em caso de matrimônio falso, e desposa uma outra, comete adultério. E aquele que desposa uma mulher rejeitada comete também adultério" (Mt 19,9).

A Igreja primitiva seguiu esta lei evangélica:

> **"Aos casados mando (não eu, mas o Senhor) que a mulher não se separe do marido. E, se ela estiver separada, que fique sem casar, ou que se reconcilie com seu marido. Igualmente o marido não repudie sua esposa" (1Cor 7,10-11).**
>
> **"Assim, a mulher casada está sujeita ao marido pela lei enquanto vive; mas, se o marido morrer, fica desobrigada da lei que a ligava ao marido. Por isso, enquanto viver o marido, se se tornar mulher de outro homem, será chamada adúltera" (Rm 7,2-3).**
>
> **"Vós todos considerai o matrimônio com respeito e conservai o leito conjugal imaculado, porque Deus julgará os impuros e os adúlteros" (Hb 13,4).**

O divórcio ou a separação encontram apoio somente onde a fé cristã não é mais levada em conta na sua integridade e onde a sociedade está em processo de descristianização. E por quê? Quando se fala de indissolubilidade, é importante ter presente a natureza de Deus e reconhecê-lo como o criador da família. No centro da fé cristã está a crença no mistério da Santíssima Trindade: um só Deus em três pessoas. Esse mistério se explica pelo perfeito amor entre o Pai, o Filho e o Espírito Santo. O homem e a mulher nasceram como fruto desse amor criador: **"Deus criou o homem à sua imagem; criou-o à imagem de Deus, criou o homem e a mulher. Deus os abençoou..." (Gn 1,27.28).**

Outro dado importante na criação do homem e da mulher é que Deus os fez depender um do outro para se completarem: **"O**

Senhor Deus disse: não é bom que o homem esteja só; vou dar-lhe uma ajuda que lhe seja adequada" (Gn 2,28). A perfeita realização acontece somente junto com outra pessoa. E, assim, o casal se transforma no gerador da humanidade. Porém, essa união do homem e da mulher não é somente física, nem se limita às satisfações propriamente físicas, mas tem um projeto divino de vida em comum: **"...Por isso o homem deixa o seu pai e a sua mãe para se unir à sua mulher; e já não são mais que uma só carne" (Gn 2,24).**

A partir da sua união, o homem e a mulher passam a viver o seu amor como um reflexo do amor de Deus. Desse modo, o amor conjugal é vida a dois, contudo sempre diante de Deus, transformando-se em amor a três. Em Deus, e somente com Deus, o casal é capaz de permanecer unido até que a morte os separe. Esta foi a norma de Jesus para o matrimônio: **"... não separe o homem o que Deus uniu" (Mt 19,6b).** O papa João Paulo II afirma: "Este **'não separe'** é determinante. Com a luz dessa palavra de Cristo, Gn 2,24 apresenta o princípio da unidade e indissolubilidade do matrimônio como o conteúdo da Palavra de Deus, manifestada na mais antiga revelação"[3].

O *Catecismo da Igreja Católica* apresenta o laço matrimonial da seguinte forma:

1639. O consentimento, pelo qual os esposos mutuamente se dão e se recebem, é selado pelo próprio Deus **(cf. Mc 10,9).** Da sua aliança "nasce uma justificação, também em face da sociedade, confirmada pela lei divina" (GS 48, § 1). A aliança dos esposos é integrada na aliança de Deus com os homens: "O autêntico amor conjugal é assumido no amor divino" (GS 48, § 2).

1640. O *vínculo matrimonial* é, portanto, estabelecido pelo próprio Deus, de maneira que o matrimônio ratificado e consu-

3. João Paulo II, Audiência geral, 5/7/79.

mado entre batizados não pode jamais ser dissolvido. Este vínculo, resultante do ato humano livre dos esposos e da consumação do matrimônio, é, a partir de então, uma realidade irrevogável e dá origem a uma aliança garantida pela fidelidade de Deus. Não está no poder da Igreja pronunciar-se contra esta disposição da sabedoria divina (cf. CIC, cân. 1141).

Os divorciados têm lugar na Igreja?

A posição da Igreja para com os divorciados está de um modo muito claro apresentada por João Paulo II: "Juntamente com o Sínodo exorto vivamente os pastores e a inteira comunidade dos fiéis a ajudar os divorciados, promovendo com caridade solícita que eles não se considerem separados da Igreja, podendo, e melhor devendo, enquanto batizados, participar na sua vida. Sejam exortados a ouvir a Palavra de Deus, a freqüentar o Sacrifício da Missa, a perseverar na oração, a incrementar as obras de caridade e as iniciativas da comunidade em favor da justiça, a educar os filhos na fé cristã, a cultivar o espírito e as obras de penitência para assim implorarem, dia a dia, a graça de Deus. Reze por eles a Igreja, encoraje-os, mostre-se mãe misericordiosa e sustente-os na fé e na esperança"[4].

Anulação do matrimônio

A Igreja reconhece existirem alguns casos em que a separação é justificada. Não se trata de uma regra, e sim de uma exceção. Tal procedimento é chamado de anulação do matrimônio. São os casos em que o vínculo matrimonial nunca existiu. A Igreja abre um processo para examinar essa possibilidade. Geralmente, quem dá a sentença é um tribunal da Igreja.

4. João Paulo II, *Familiaris Consortio,* n. 84.

Resumo sobre as normas para a nulidade matrimonial, elaborado pelo Tribunal Interdiocesano de Sorocaba

"Um matrimônio pode ser nulo por três motivos:

— Pela presença de um impedimento matrimonial;
— Por defeito de consentimento;
— Por defeito da forma canônica.

Os impedimentos matrimoniais

Os impedimentos matrimoniais são obstáculos que impedem que as partes possam contrair validamente o matrimônio. São denominados de impedimentos dirimentes.

A razão desses impedimentos é porque a Igreja, desejando preservar o matrimônio, quer evitar que se contraiam casamentos inconvenientes ou prejudiciais.

De conformidade com o cân. 1073, o impedimento dirimente torna a pessoa inábil para contrair validamente o matrimônio. Todavia, o Ordinário local (o bispo, o vigário geral e o vigário episcopal) pode dispensar os seus súditos onde quer que estejam de todos os impedimentos de direito eclesiástico, exceto os reservados à Sé Apostólica.[1]

Os impedimentos "in specie" estão contemplados nos cânones 1083 a 1094, do *Código de Direito Canônico* e são os seguintes: *Idade — Impotência — Vínculo — Disparidade de Culto — Ordem Sagrada — Voto — Rapto — Crime — Consangüinidade — Afinindade — Pública Honestidade — Parentesco Legal.*

[1] De acordo com o cân. 1078, §2, são impedimentos reservados à Sé Apostólica o impedimento proveniente de ordens sagradas ou do voto público perpétuo de castidade num instituto religioso de direito pontifício, bem como o impedimento de crime.

Defeito de consentimento

Os defeitos do consentimento mais comuns são os seguintes:

— Aqueles a quem falta o suficiente uso da razão:

São aquelas pessoas afetadas por uma enfermidade mental e que estão privadas no momento de prestar o consentimento do uso expedito de suas faculdades intelectivas e volitivas imprescindíveis para emitir um ato humano. Esta figura engloba também aqueles que, no momento de consentir, padecem de uma tal perturbação psíquica (p. ex. estado tóxico, embriaguez, hipnose etc.) (cf. cânon 1095, 1º, do *Código de Direito Canônico*).

— Os que têm grave falta de discrição de juízo a respeito dos direitos e obrigações essenciais do matrimônio que devem mutuamente dar e receber:

Aqui se refere às pessoas as quais falta a devida maturidade psicológica para pesar a gravidade dos direitos e obrigações próprios do estado conjugal (cf. cânon 1095, 2º, do *Código de Direito Canônico*).

— Os que não são capazes de assumir as obrigações essenciais do matrimônio, por causas de natureza psíquica:

Aqui se refere àquelas pessoas que, apesar de terem maturidade psicológica e higidez mental, contudo por motivos de anomalias psíquicas não podem assumir o matrimônio, ou não podem prometer, por exemplo, a fidelidade matrimonial ou o estabelecimento de uma comunhão de vida. São exemplos de causas de natureza psíquica a ninfomania, a satiríase, o homossexualismo, o alcoolismo, a toxicomania etc. (cf. cânon 1095, 3º, do *Código de Direito Canônico*).

— Erro sobre a identidade física da pessoa com quem se casa:

Existe esta figura quando o contraente, querendo casar-se com uma pessoa certa e determinada, casa-se, por erro, com uma outra pessoa distinta (cf. cânon 1097, §1, do *Código de Direito Canônico*).

— Erro sobre uma qualidade direta e principalmente visada na pessoa do outro:

Esta figura se realiza quando um contraente ao consentir dirige o seu consentimento direta e principalmente para uma qualidade ou conjunto de qualidades e menos principalmente à pessoa (cf. cânon 1097, §2, do *Código de Direito Canônico*).

— Dolo:

Esta figura se realiza quando um dos contraentes, com a finalidade de conseguir o consentimento da outra parte, a engana a respeito de uma qualidade que por sua natureza pode perturbar gravemente o consórcio matrimonial (cf. cânon 1098, do *Código de Direito Canônico*). São exemplos de qualidades que podem perturbar o consórcio matrimonial a esterilidade, determinados deveres espirituais ou sociais, ou qualidades físicas ou morais.

— O erro a respeito da unidade e da indissolubilidade ou da dignidade sacramental do matrimônio não vicia o consentimento matrimonial.

Só vicia quando determina a vontade, isto é, quando um dos contraentes exclui um desses elementos. Quando exclui a unidade, temos a exclusão do "bonum fidei", da indissolubilidade, temos a exclusão do "bonum sacramenti" (cf. cânon 1099, do *Código de Direito Canônico*).

— Simulação;

Os defeitos do consentimento mais comuns são os seguintes:

— Aqueles a quem falta o suficiente uso da razão;
— Os que têm grave falta de discrição de juízo a respeito dos direitos e obrigações essenciais do matrimônio que devem mutuamente dar e receber;
— Os que não são capazes de assumir as obrigações essenciais do matrimônio, por causas de natureza psíquica;
— Erro sobre a identidade física da pessoa com quem se casa;
— Erro sobre uma qualidade direta e principalmente visada na pessoa do outro;

— Dolo;
— O erro a respeito da unidade e da indissolubilidade ou da dignidade sacramental do matrimônio não vicia o consentimento matrimonial;
— Simulação;
— Violência;
— Medo;
— Condição.

Violência — Medo:

Entende-se por violência ou coação quando há uma força estranha ao sujeito e que o obriga, de algum modo, a realizar atos contra a sua vontade. A violência é física se a força empregada incide diretamente sobre o corpo do sujeito; é moral, se influi no ânimo; neste caso identifica-se com o medo. Para que o casamento seja considerado inválido quando celebrado com violência ou medo, é preciso que tenha estas condições:

a) que seja grave;
b) causado extrinsecamente;
c) inevitável, ou seja, que a única saída de escapar dele se encontre no casamento. Neste caso, também a jurisprudência canônica, considerado o chamado temor reverencial (cf. cânon 1103, do *Código de Direito Canônico*).

— **Condição**:

A condição é uma circunstância ou fato determinado de cuja verificação se faz depender um ato da vontade. Quem contrai matrimônio, sob a condição de futuro (p. ex., caso-me contigo se receberes aquela herança), contrai invalidamente. O casamento celebrado sob a condição de presente ou de passado é válido caso exista ou não a condição estabelecida (cf. cânon 1102, do Código de Direito Canônico).[1]

Defeito da forma canônica

A ausência da forma canônica habitualmente acontece quando se celebra perante um ministro assistente que não tem jurisdição sobre os nubentes e não recebeu a devida delegação, ou por falta de duas testemunhas exigidas.

[1] Neste caso, para que se possa celebrar o casamento sob a condição de presente ou de passado, é preciso pedir licença para o Ordinário local.

Capítulo 12

Indulgências

Existem questões de doutrina que causam polêmica acima do normal. Assim é com as indulgências. Alguns católicos bem-intencionados, em uma tentativa de fechar um capítulo difícil da história da Igreja, afirmam: "Os católicos antigamente acreditavam nas indulgências, porém isso já é coisa do passado". Quem assim pensa quer distanciar-se dos abusos cometidos na época da Reforma protestante.

Os erros do passado não tiram o valor e a força das indulgências. O *Catecismo da Igreja Católica* ensina: "A indulgência se obtém pela Igreja que, em virtude do poder de ligar e desligar que Cristo Jesus lhe concedeu[1], intervém em favor do cristão, abrindo-lhe o tesouro dos méritos de Cristo e dos santos para obter do Pai das misericórdias a remissão das penas temporais devidas aos seus pecados. Assim a Igreja não só vem em auxílio do cristão, mas também o incita a obras de piedade, de penitência e de caridade" (n. 1478).

Para entender o que são as indulgências basta compará-las ao relacionamento pais e filhos. Se uma criança quebra alguma coisa, imediatamente é corrigida pelos pais. Ela é perdoada, mas para ter senso de responsabilidade, e não voltar a errar, é estimulada a reparar o estrago. No relacionamento com Deus se dá o mesmo. Se uma pessoa peca, o meio para receber o perdão de Deus é o sacramento da re-

1. **"Eu te darei as chaves do Reino dos céus: tudo o que ligares na terra será ligado no céu, e tudo o que desligares na terra será desligado no céu" (Mt 16,19).**

conciliação (confissão). Entretanto, ainda fica a conseqüência do pecado, a pena temporal. Esta é purificada nesta vida ou no purgatório. E aí entra em cena o auxílio precioso das indulgências.

As indulgências na história da Igreja

As indulgências já estavam presentes desde a era apostólica. Nesse período elas aparecem como um meio para abrandar as penas canônicas. Eram concedidas por meio das súplicas dos Mártires (*supplices libelli Martyrum*), os quais, já próximos de entregar a vida pela fé, enviavam aos bispos esses escritos para que fossem reparadas, de modo total ou parcial, as penas canônicas dos penitentes.

A partir do século VIII introduziu-se o costume de conceder indulgências trocando a penitência canônica por outra obra menos rigorosa das práticas penitenciais referentes aos diversos pecados. São desse período as indulgências para as estações quaresmais (São Gregório — 640 d.C.), para as Cruzadas e as peregrinações, de um modo especial a Roma para visitar suas basílicas. Nesse período foi convocado o primeiro grande jubileu, por iniciativa do papa Bonifácio VIII, no ano 1300.

Por volta do século XIV cometeram-se abusos na prática das indulgências, que serviram de pretexto para Martinho Lutero criar uma divisão no cristianismo. No Concílio de Trento (1545–1563) os erros foram condenados e corrigidos, e a doutrina correta novamente foi restabelecida, estando em vigor até os nossos dias.

Que é a indulgência?

No n. 1471 do *Catecismo da Igreja Católica* lemos:

"A indulgência é a remissão, diante de Deus, da pena temporal devida pelos pecados já perdoados quanto à culpa, que o fiel bem disposto obtém em certas condições determinadas, pela intervenção da Igreja que, como dispensadora da redenção, distribui e aplica por sua autoridade o tesouro das satisfações de Cristo e dos santos".

"A indulgência é parcial ou plenária, conforme liberar parcial ou totalmente da pena devida pelos pecados". "As indulgências podem aplicar-se aos vivos e aos defuntos."

Idéias erradas sobre as indulgências

1) Uma pessoa pode comprar a sua saída do inferno mediante as indulgências.

Essa é uma das mentiras mais usadas pelos inimigos da Igreja, para confundir os católicos. As indulgências dizem respeito somente às penas temporais, por isso não têm força para tirar ninguém do inferno. Quem está no inferno não terá jamais mudada a sua sentença. A única maneira de evitar o inferno é apelando para a misericórdia de Deus durante a vida terrena, e não depois da morte: **"Como está determinado que os homens morram uma só vez, e logo em seguida vem o juízo" (Hb 9,27).**

2) As indulgências são compradas para obter perdão e foram inventadas para a Igreja arrecadar dinheiro.

Essa é outra mentira de quem não conhece o fundamento das indulgências. A indulgência não dá perdão dos pecados: "A indulgência é a remissão, diante de Deus, da pena temporal devida pelos pecados já perdoados quanto à culpa"[2].

2. Indulg. Doctr., norma 1: const. Apost. Indulgentiarum Doctrina.

As indulgências não se ganham com dinheiro, e sim pela prática de algumas obras determinadas pela Igreja. A doutrina sobre as indulgências se desenvolveu a partir da reflexão sobre o sacramento da reconciliação. A sua prática vem desde os primeiros séculos do cristianismo. O papa Paulo VI afirmou: "As indulgências não se ganham sem uma sincera conversão e busca de unidade de vida".

3) Uma indulgência diminui o tempo no purgatório em número de dias.

O número de dias associado às indulgência era uma referência ao período de penitência que a pessoa podia realizar durante a vida terrena. A Igreja católica não tem a pretensão de saber quanto dura o purgatório.

4) Uma pessoa pode ganhar indulgências para pecados futuros.

A Igreja sempre ensinou que as indulgências não se aplicam a pecados ainda não cometidos. Uma indulgência não é uma permissão para pecar e, como já examinamos, não perdoa pecados. Sua eficácia é unicamente para as faltas cometidas anteriormente.

PONTOS ESSENCIAIS SOBRE A DOUTRINA DAS INDULGÊNCIAS EXTRAÍDOS DO *MANUAL DAS INDULGÊNCIAS*,

EDITADO PELA PENITENCIÁRIA APOSTÓLICA EM 29 DE JUNHO DE 1968.

(Edições Paulinas, São Paulo, 1990)
(OBS.: A numeração do presente resumo não segue a do original. Para um estudo mais aprofundado recomenda-se adquirir o manual, à disposição nas livrarias católicas.)

1 — indulgência é a remissão, diante de Deus, da pena temporal devida pelos pecados já perdoados quanto à culpa,

que o fiel, devidamente disposto e em certas e determinadas condições, alcança por meio da Igreja, a qual, como dispensadora da redenção, distribui e aplica, com autoridade, o tesouro das satisfações de Cristo e dos Santos.

2 — A indulgência é parcial ou plenária, conforme liberta, em parte ou no todo, da pena temporal devida pelos pecados.

3 — Ninguém pode lucrar indulgências a favor de outras pessoas vivas.

4 — Qualquer fiel pode lucrar indulgências parciais ou plenárias para si mesmo ou aplicá-las aos defuntos como sufrágio.

5 — O fiel que, ao menos com o coração contrito, faz uma obra enriquecida de indulgência parcial, com o auxílio da Igreja, alcança o perdão da pena temporal, em valor correspondente ao que ele próprio já ganha com sua ação.

6 — O fiel cristão que usa objetos de piedade (crucifixo ou cruz, rosário, escapulário, medalha) devidamente abençoados por qualquer sacerdote ou diácono, ganha indulgência parcial. Se os mesmos objetos forem bentos pelo Sumo Pontífice ou por qualquer Bispo, o fiel, ao usá-los com piedade, pode alcançar até a indulgência plenária na solenidade dos Santos Apóstolos Pedro e Paulo, se acrescentar alguma fórmula legítima de profissão de fé.

7 — Parágrafo 1. Para que alguém seja capaz de lucrar indulgências, deve ser batizado, não estar excomungado e encontrar-se em estado de graça, pelo menos no fim das obras prescritas.

Parágrafo 2. O fiel deve também TER INTENÇÃO, AO MENOS GERAL, DE GANHAR A INDULGÊNCIA e cumprir as ações prescritas, no tempo determinado e no modo devido, segundo o teor da concessão.

8 — Parágrafo 1. A indulgência plenária só se pode ganhar uma vez ao dia.

Parágrafo 2. Contudo, o fiel em artigo de morte pode ganhá-la, mesmo que já a tenha conseguido nesse dia.

Parágrafo 5. A indulgência parcial pode ganhar-se mais vezes ao dia, se expressamente não se determinar o contrário.

9 — Parágrafo 1. A obra prescrita para alcançar a indulgência plenária anexa à igreja ou oratório, é a visita aos mesmos: neles se recitam a oração dominical e o símbolo aos apóstolos (Pai-nosso e Credo), a não ser caso especial em que se marque outra coisa.

10 — Parágrafo 1. Para lucrar a indulgência plenária, além da repulsa de todo o afeto a qualquer pecado até venial, requerem-se a execução da obra enriquecida da indulgência e o cumprimento das três condições seguintes: confissão sacramental, comunhão eucarística, e oração nas intenções do Sumo Pontífice. (Veja observação no final.)

Parágrafo 2. Com uma só confissão podem ganhar-se várias indulgências, mas com uma só comunhão e uma só oração alcança-se uma só indulgência plenária.

Parágrafo 3. As três condições podem cumprir-se em vários dias, antes ou depois da execução da obra prescrita; convém, contudo, que tal comunhão e tal oração se pratiquem no próprio dia da obra prescrita.

Parágrafo 4. Se falta a devida disposição ou se a obra prescrita e as três condições não se cumprem, a indulgência será só parcial, salvo o que se prescreve nos nn. 27 e 28 em favor dos “impedidos”.

Parágrafo 5. A condição de se rezar nas intenções do Sumo Pontífice se cumpre ao se recitar nessas intenções um Pai-nosso e uma Ave-Maria, mas podem os fiéis acrescentar outras orações conforme sua piedade e devoção.

11 — Concede-se indulgência parcial ao fiel que, no cumprimento de seus deveres e na tolerância das aflições da vida,

ergue o espírito a Deus com humilde confiança, acrescentando alguma piedosa invocação, mesmo só em pensamento.

CONCESSÕES

(OBS.: Aqui só constam algumas das concessões contidas no manual.)

INDULGÊNCIA PARCIAL

— Atos de Fé, Esperança e Caridade.
— Nós vos damos graças, Senhor, por todos os vossos benefícios. Vós que viveis e reinais pelos séculos dos séculos. Amém.
— Santo Anjo (oração ao Anjo da Guarda).
— Angelus, Regina Caeli.
— Alma de Cristo.
— Comunhão Espiritual.
— Creio.
— Ladainhas aprovadas pela autoridade competente. Sobressaem-se as seguintes: Santíssimo Nome de Jesus, Sagrado Coração de Jesus, da Santíssima Virgem Maria, de São José e de Todos os Santos.
— Magnificat.
— Lembrai-vos.
— Miserere (Tende piedade).
— Ofícios breves: Ofícios breves da Paixão de NSJC, Sagrado Coração de Jesus, da Santíssima Virgem Maria, da Imaculada Conceição e de São José.
— Oração mental.
— Salve Rainha.
— Sinal-da-Cruz.
— Veni Creator.
— Renovação das promessas do batismo.

INDULGÊNCIAS PLENÁRIAS

(OBS.: Como acima, aqui só constam algumas das indulgências do manual.)

— Indulgência plenária — Concede-se indulgência parcial ao fiel que visitar o Santíssimo Sacramento para adorálo, se o fizer por meia hora ao menos, a indulgência será plenária.

— Visita ao cemitério — Ao fiel que visitar devotamente um cemitério e rezar, mesmo em espírito, pelos defuntos, concede-se indulgência aplicável somente às almas do purgatório. Esta indulgência será plenária, cada dia, de 1 a 8 de novembro; nos outros dias será parcial.

— Exercícios espirituais — Concede-se indulgência plenária ao fiel que faz os exercícios espirituais ao menos por três dias.

— Indulgência na hora da morte.

O sacerdote que administra os sacramentos ao fiel em perigo de vida não deixe de lhe comunicar a bênção apostólica com a indulgência plenária. Se não houver sacerdote, a Igreja, mãe compassiva, concede benignamente a mesma indulgência ao cristão bem disposto para ganhá-la na hora da morte, se durante a vida habitualmente tiver recitado para isso algumas orações. Para alcançar esta indulgência plenária louvavelmente se rezam tais orações fazendo uso de um crucifixo ou de uma simples cruz.

A condição de ele habitualmente ter recitado algumas orações supre as três condições requeridas para ganhar a indulgência plenária. A mesma indulgência plenária em artigo de morte, pode ganhá-la o fiel que no mesmo dia já tenha ganho outra indulgência plenária. (Esta concessão vem assinalada na const. apost. *Indulgentiarum Doctrina*, norma 18.)

— Primeira Comunhão — Concede-se indulgência plenária aos fiéis que se aproximarem pela primeira vez da sagrada comunhão, ou que assistam a outros que se aproximam.

— Reza do Rosário de Nossa Senhora — Indulgência plenária, se o Rosário se recitar na igreja ou oratório público ou em família, na comunidade religiosa ou em pia associação; parcial, em outras circunstâncias.

(O Rosário é uma fórmula de oração em que distinguimos quinze dezenas de saudações angélicas [Ave-Marias], separadas pela oração dominical [Pai-nosso] e em cada uma recordamos em piedosa meditação os mistérios da nossa Redenção.) Chama-se também a terça parte dessa oração o Terço. Para a indulgência plenária determina-se o seguinte:

1 — Basta a reza da terça parte do Rosário, mas as cinco dezenas devem-se recitar juntas.

2 — Piedosa meditação deve acompanhar a oração vocal.

3 — Na recitação pública, devem-se anunciar os mistérios, conforme o costume aprovado do lugar; na recitação privada, basta que o fiel ajunte a meditação dos mistérios à oração vocal.

— Leitura espiritual da Sagrada Escritura — Concede-se indulgência parcial ao fiel que ler a Sagrada Escritura com a veneração devida à palavra divina, e a modo de leitura espiritual. A indulgência será plenária, se o fizer pelo espaço de meia hora pelo menos.

— Visita à igreja ou altar no dia da dedicação e aí piedosamente rezar o Pai-nosso e o Credo.

Capítulo 13

Maçonaria

A maçonaria tem uma origem difícil de ser comprovada. Alguns afirmam remontar ao tempo anterior ao dilúvio de um tal Jabal, construtor contratado por Caim e Enoch. Jabal ensinou uma arte secreta para trabalhar com lâminas de ouro. Esses conhecimentos chegaram a Abraão, por meio de quem seriam transmitidos aos egípcios. Estes os transmitiram aos judeus, que alcançaram o seu apogeu na construção do Templo de Salomão. Depois da destruição do Templo, o conhecimento teria passado para os cristãos. Os depositários desses segredos seriam os "quatro santos coroados" e Santo Albano na Inglaterra, o qual com a ajuda do rei Athelstan os teria codificado.

A maioria dos estudiosos não aceita essa primeira origem, ela é considerada um tanto fantasiosa. Admite-se que a origem remota da maçonaria moderna (franco-maçonaria = pedreiros livres) desenvolveu-se a partir das organizações medievais que agrupavam arquitetos, mestres-de-obras e pedreiros, os quais, por construírem castelos e igreja, eram considerados espiritualmente nobres.

Tinham como meta construir a liberdade e a tolerância e o aperfeiçoamento da humanidade. Professavam a existência de um Princípio Criador, sob a denominação de Grande Arquiteto do Universo.

A maçonaria, conforme é conhecida até os nossos dias, foi criada em 24 de junho de 1717, com a fundação da Grande Loja da Inglaterra. Surgiu da iniciativa dos pastores protestantes ingleses James Anderson e J. T. Desaguliers. No ano de 1723, Anderson elabora a primeira Constituição maçônica. A partir de então a maçonaria adotou uma forma de organização política que deveria conservar daí por diante.

Durante o século XVIII surgiram lojas na Europa e na América. Com o tempo os maçons tornaram-se anticlericais, sendo, por isso, excomungados pela Igreja católica (1738). Após a cisão que resultou na fundação do Grande Oriente, na França, em 1773, a maçonaria alcançou o apogeu, tendo importante papel nos acontecimentos da Revolução Francesa.

A maçonaria tem como princípio professar as mais diversas religiões. Como no Brasil a grande maioria dos brasileiros é cristã, adota-se a Bíblia como livro da lei. Em outra nação, o livro que ocupa o lugar de destaque no Templo poderá ser o Alcorão, o Torá, o livro de Maomé, os Vedas etc., de acordo com a religião de seus membros.

A Doutrina católica e a maçonaria

Em 24 de abril de 1738, o papa Clemente XII escreve a encíclica *In Eminenti*, em que condenou abertamente pela primeira vez a maçonaria. A partir dessa palavra oficial da Igreja foi proibido aos católicos pertencer à maçonaria.

Nos séculos seguintes inúmeros papas confirmaram essa mesma posição por meio de diferentes documentos:

- Benedicto XIV, *Providas,* 18 de maio de 1751.
- Pio VII, *Ecclesiam a Jesu Christo*, 13 de setembro de 1821.
- Leão XII, *Quo Graviora*, 13 de março de 1825.
- Pio VIII, *Traditi Humilitati*, encíclica, 24 de maio de 1829.

- Gregório XVI, *Mirari Vos*, encíclica, 15 de agosto de 1832.
- Pio IX, *Qui Pluribus*, encíclica, 9 de novembro de 1846.
- Leão XIII, *Humanum Genus*, encíclica, 20 de abril, 1884.
- Leão XIII, *Dall' Alto Dell' Apostolico,* Seggio, encíclica, 15 de outubro de 1890.
- Leão XIII, *Inimica Vis,* encíclica, 8 de dezembro 1892.
- Leão XIII, *Custodi Di Quella Fede*, encíclica, 8 de dezembro de 1892.

A encíclica *humanum genus*, escrita por Leão XIII, é uma das mais fortes e extensas no que diz respeito a indicar os erros da maçonaria e sua incompatibilidade com a doutrina cristã. O papa ensina, nessa encíclica, que a Igreja católica e a maçonaria são como dois reinos em guerra.

Entre os pontos principais apresentados por Leão XIII sobre os erros da maçonaria, destacam-se:

— a finalidade da maçonaria é destruir toda a ordem religiosa e política do mundo inspirada pelos ensinamentos cristãos e substituí-las por uma nova ordem de acordo com as suas idéias.

— Suas idéias procedem de um mero "naturalismo". A doutrina fundamental do naturalismo é a crença de que a natureza e a razão humana devem guiar tudo.

— A maçonaria apresenta-se como a religião natural do homem. Por isso afirma ter a sua origem no começo da história da humanidade.

— O conceito de Deus é diferente daquele apresentado na Bíblia e na doutrina católica. Para a maçonaria, Deus é um conceito filosófico e natural. Deus passa a ser a imagem do homem. Por isso, não existe uma clara distinção entre o espírito imortal do homem e Deus.

— A maçonaria nega a possibilidade de Deus ter ensinado algo.

— Não aceita os dogmas da religião, nem a verdade que não possa ser entendida pela inteligência humana.

— A maçonaria estimula o sincretismo religioso, isto é, a mistura das mais diferentes crenças.
— A maçonaria compara a Igreja católica a uma seita.

Em 1917, no antigo *Código de Direito Canônico* (lei oficial da Igreja), a maçonaria foi condenada explicitamente:

Cânon 2.335: Pessoas que entram em associações da seita maçônica, ou outra do mesmo tipo que conspire contra a Igreja e a autoridade civil legítima, recebem excomunhão simplesmente reservada à Sé Apostólica.

Em 17 de fevereiro de 1981, a Sagrada Congregação para a Doutrina da fé divulgou uma orientação para os católicos sobre a maçonaria, em que reafirma a posição tradicional da Igreja.

O Código de Direito Canônico atual, publicado em 1983, não fala de modo explícito da maçonaria, somente dá uma orientação geral contra esse tipo de associação:

Cânon 1.374: Quem der nome a uma associação, que maquine contra a Igreja, seja punido com justa pena; quem promover ou dirigir tal associação seja punido com interdito.

Por não falar da maçonaria, alguns católicos, pensaram que esse cânon não se aplicasse a ela. Surgiu um impasse: teria acabado a proibição para os católicos participarem da lojas maçônicas? Para esclarecer essa dúvida, em 26 de novembro de 1983, a Sagrada Congregação para a Doutrina da Fé publicou a Declaração sobre as Associações maçônicas, *Quaesitum est:*

“Foi perguntado se mudou o parecer da Igreja a respeito da maçonaria pelo fato de que no novo Código de Direito Canônico ela não vem expressamente mencionada como no Código anterior.
Esta Sagrada Congregação quer responder que tal circunstância é devida a um critério redacional seguido

também quanto às outras associações igualmente não mencionadas, uma vez que estão compreendidas em categorias mais amplas.

Permanece, portanto, imutável o parecer negativo da Igreja a respeito das associações maçônicas, pois os seus princípios foram sempre considerados inconciliáveis com a doutrina da Igreja e por isso permanece proibida a inscrição nelas. Os fiéis que pertencem às associações maçônicas estão em estado de pecado grave e não podem aproximar-se da Sagrada Comunhão. Não compete às autoridades eclesiásticas locais pronunciarem-se sobre a natureza das associações maçônicas com um juízo que implique derrogação de quanto foi acima estabelecido, e isto segundo a mente da Declaração desta Sagrada Congregação, de 17 de fevereiro de 1981" (cf. AAS 73, 1981, pp. 240-241).

O Sumo Pontífice João Paulo II, durante audiência concedida ao subscrito Cardeal Prefeito, aprovou a presente declaração, decidida na reunião ordinária desta Sagrada Congregação, e ordenou a sua publicação.

Roma, da Sede da Sagrada Congregação para a Doutrina da Fé, 26 de novembro de 1983.

Joseph Card. Ratzinger
PREFEITO

+ *Fr. Jérôme Hamer, O.P.*
SECRETÁRIO

Capítulo 14

Nova Era

A Nova Era é um dos movimentos religiosos mais importantes e perigosos do mundo ocidental atual. Não se trata de uma seita, de uma igreja organizada nem propriamente de uma religião. É uma forma de ver, pensar e agir adotada por muitas pessoas e organizações, com a finalidade de mudar o mundo seguindo certas crenças em comum. O perigo está em não possuir um único centro de difusão de suas idéias, nem regras, doutrinas ou disciplina em comum.

Essa tendência fala dos temas mais variados: Deus, o destino do homem, saúde, morte e outras vidas, meditação, arte... Para isso usa como pano de fundo o ponto de vista de diversas religiões, das ciências e da literatura. O resultado é uma mensagem feita de respostas fantásticas, com a finalidade de levar as pessoas a idéias e comportamentos contrários à mensagem do evangelho.

Entre as crenças principais da Nova Era, destacam-se:

— O mundo entrará em um período de paz e harmonia denominado pela astrologia como Era de Aquário.

— A Era de Aquário será fruto de uma nova consciência para o homem. O meio para alcançar tal objetivo serão as mais diferentes terapias, técnicas, entrando nas mais diferentes áreas de atuação humana. Entre essas áreas, destacam-se: religião, saúde, alimentação, política, negócios, música, cinema, rádio e televisão...

— Cada homem buscará a sua própria verdade. Não existe o mal (pecado), tudo é somente um contínuo crescer até a consciência plena de sua divindade.

— A natureza forma também um único ser cósmico e, portanto, também é divina. Tudo é "deus" e "deus" está em tudo (panteísmo).

— Todas as religiões são iguais.

— Existem mestres espirituais invisíveis que transmitem sua mensagem a todos os que alcançaram a nova consciência.

— Todos vivem muitas vidas, vão reencarnando para alcançar a nova consciência e dissolver-se na força divina do cosmo.

— Jesus Cristo foi somente mais um mestre iluminado entre muitos outros. Jamais poderia salvar alguém do pecado, pois cabe a cada homem encontrar o seu caminho de libertação.

Origem da Nova Era

A Nova Era tem nas suas origens uma influência forte da Sociedade Teosófica, fundada pela russa Helena Blavatsky, em 1875, em New York. Essa mulher era espírita e afirmava ter recebido seus ensinamentos de "seres espirituais especiais" ou "mestres superiores de outra dimensão". As crenças da Sociedade Teosófica surgiram de uma mistura de ocultismo e crenças de filosofias orientais. Uma das biógrafas de Blavatsky afirma: "Ela preparou o caminho para o surgimento da Meditação Transcendental, do Zen, Hare Krishnas, ioga, karma e reencarnação, gurus..."

A terceira presidente da Sociedade Teosófica, Alice Bailey (1880-1949), inglesa migrada nos EUA, é quem usou em seus escritos pela primeira vez o termo Nova Era. Também era médium, dizia receber mensagens do além, enviadas por um mestre da sabedoria, um tibetano morto havia muito tempo. Alice Bailey deixou a Sociedade Teosófica para fundar a Escola Arcano com a finalidade de desenvolver o esoterismo e a prática dos poderes parapsíquicos. Em 1948 publicou o livro *O retorno do Cristo* em que apresenta o Cristo como sendo uma idéia, uma energia que reencarnou em diversas pessoas iluminadas: Moisés, Buda, Jesus, Maomé... Também anunciou a proximidade da vinda de Cristo, chamado de Maytreia.

O ano de 1960 é decisivo para o desabrochar da Nova Era. Nos Estados Unidos, mais precisamente na Califórnia, a explosão do movimento *hippie*, a contestação dos valores estabelecidos, o uso das drogas, o desejo de maior contato com a natureza... facilitam a divulgação das idéias da Nova Era.

Em 1980 é publicado o livro *A conspiração de Aquário,* de Marilyn Ferguson. Aí se encontra a doutrina e o programa de ação para a construção de uma nova humanidade. O pano de fundo para essa transformação seria de ordem astrológica. A cada 2.160 anos o sol muda de casa no zodíaco. Atualmente terminamos a era de peixes, associada ao cristianismo. O novo período é o de aquário, onde transbordará uma água de abundância e bem-estar. A estratégia para alcançar esse objetivo está em romper com o passado, levando essa nova visão do mundo para todas as áreas de influência sobre as pessoas.

Marilyn Ferguson, em seu livro, escreveu: "Uma rede poderosa, embora sem liderança, está trabalhando no sentido de promover uma mudança radical em todo o mundo. Seus membros romperam com alguns elementos-chave do pensamento ocidental, e até mesmo podem ter rompido com a continuidade da História. Essa rede é a Conspiração Aquariana: uma conspiração sem doutrina política, sem manifesto. Mais ampla que a Reforma, mais profunda que a Revolução. Essa conspiração benigna, a favor de uma Nova Ordem, deflagrou o mais rápido realinhamento cultural da história. A grande transformação, a mudança irrevogável que nos está empolgando, não é um novo sistema religioso, político ou filosófico. É uma nova mentalidade, a ascendência de uma surpreendente visão do mundo, que reúne a vanguarda da ciência e os mais antigos pensamentos registrados".

Por meio de suas obras e seminários, Ferguson vem continuamente divulgando os temas ligados à Nova Era. Suas conferências têm atraído pessoas das mais diferentes áreas de influência da sociedade, inclusive executivos e especialistas do mundo empresarial. Em sua lista de clientes encontram-se grandes empresas norte-americanas, como IBM, General Mill, Hallmark e Dec...

O aspecto grave da Nova Era é estar presentem programas governamentais, em estratégias comerciais e nos hábitos e costumes do dia-a-dia.

As etapas para a mudança de mentalidade religiosa

O diretor do Centro de Estudos das Novas Religiões de Roma, Mássimo Introvigne, resume muito bem como aconteceu progressivamente a mudança de mentalidade:

1ª Etapa: Igreja não — Cristo sim: Foi a fase de expansão das seitas de origem cristã, tentando desacreditar a Igreja e os sacerdotes: "Eu creio em Cristo, porém não na Igreja".

2ª Etapa: Cristo não — Deus sim: Caracterizada pela invasão da religiosidade oriental e dos seus gurus.

3ª Etapa: Deus não — Religião sim: O homem transforma assuntos do cotidiano em quase religiosos. Na política, o marxismo; na ciência o freudismo e o começo dos movimentos para o desenvolvimento ilimitado do ser humano.

4ª Etapa: Religião não — religiosidade sim: É o momento da promoção de crenças e práticas do ocultismo, sendo apresentadas como sagradas.

Esta etapa está em franca expansão: a onda de filmes, programas de tevê e livros sobre o além, vidas passadas, magia, bruxaria, medicina alternativa, auto-ajuda, talismãs para atrair sorte ou prosperidade — duendes, gnomos, pirâmides, cristais. A divulgação de todo esse material usa a influência de pessoas de destaque das mais diferentes áreas da sociedade.

Já é possível em algumas áreas sentir o efeito da conspiração da Nova Era. No relacionamento das pessoas está desaparecendo o valor do afeto, vale o momento. A família já não é mais considerada a célula-mãe da sociedade, isto é, não se dá valor à estabilidade da relação entre o homem e a mulher. Os filhos também não são vistos como fruto do amor de um casal, mas somente de um relacionamento sexual para este fim, ou por meio da inseminação artificial. A ciência começa a brincar de Deus pensando em clonagem, ou dando aos pais a possibilidade de programar as características desejadas para os filhos. O mapa astral, um modo novo para falar da astrologia, é utilizado na vida pessoal, planejamento político-econômico, contratação de pessoal. Chefes de estado e grandes corporações buscam a orientação dos novos gurus para tomar decisões e treinar equipes de trabalho.

Características gerais da Nova Era

Dom Estêvão Bettencourt, OSB, no seu livro *Crenças, religiões e seitas: quem são?*, indica cinco pontos da Nova Era:

Holismo — A física clássica de Newton tinha o universo na conta de imensa máquina, cujos elementos se mantêm em equilíbrio mediante interação constante. Ora, a Nova Era adota o modelo holístico mais recente: o universo não constaria de partículas, mas de ondas de energia que constituem um todo *(holon,* em grego), como uma rede de ligações e de interdependências; quanto mais alguém aprofunda a realidade, dizem os holistas, tanto mais faz a experiência da unidade do todo. O homem seria parte desse todo, participando da vida orgânica do conjunto, sem poder sair dele como observador neutro ou sujeito independente. Em conseqüência, a Nova Era afirma que Deus e o mundo, o espírito e a matéria *são* uma imensa vibração energética, em que todas as diferenças são apenas aparentes e não reais.

Tônica nas religiões orientais — Embora seja sincretista, o Movimento da Nova Era prefere as teses das religiões orientais (que geralmente são panteístas) aos artigos da fé cristã. Isso bem se entende, visto que o cristianismo afirma a transcendência de Deus; Ele entra em diálogo com o homem, mas não é o homem. O cristianismo possui um credo definido, evitando o sincretismo religioso.

A Nova Era incita seus adeptos a fazerem experiências "transpessoais", segundo as quais o eu se dilata, de modo a se sentir uma coisa só com a energia cósmica; tais experiências possibilitariam ao homem entrar em contato com pessoas muito distantes, até com defuntos e seres extraterrestres. Tais experiências podem ser estimuladas pelo uso de drogas e pelo incentivo direto do cérebro *(biofeedback).*

Também são estimulantes das experiências místicas da Nova Era a música, a dança a as artes em geral.

O Channeling e o esoterismo gnóstico — *Channeling* (de *channel*, canal, em inglês) é a forma mais recente de espiritismo: o médium faz as vezes de *channel*: recebe mensagens não de defuntos, mas de entidades superiores. (A divindade? Cristo? Fadas? O inconsciente coletivo?)

Com essa concepção se combinam resquícios do gnosticismo dos primeiros séculos: o homem possui uma centelha da divindade que o torna familiar ao Todo Divino (que é o universo).

Terapêutica — O Movimento da Nova Era se dedica também ao tratamento das doenças do corpo e da alma, não mediante a medicina convencional, mas por meio do enfoque holístico, que recorre às terapias alternativas, com origem na filosofia oriental.

Otimismo — A perspectiva da Nova Era, da paz e felicidade, substitui a mentalidade derrotista de grande parte da humanidade contemporânea; daí o sucesso do movimento. Pode-se dizer que a expectativa da Nova Era corresponde à de um reino milenar de Cristo (milenarismo), apregoado por algumas correntes cristãs de nossos dias.

O Movimento da Nova Era fala do retorno de Cristo, tal como é anunciado pelo livro *O Retorno de Cristo* (1948), de Alice Bailey, teosofista e ocultista inglesa que teria recebido revelações de um mestre desencarnado dito o Tibetano. O Cristo da Nova Era, porém, não é o do Evangelho; é o Cristo dito "cósmico, o Cristo energia, o Espírito Crístico Universal"...

Como identificar a presença da Nova Era

É praticamente impossível apontar todas as fontes de onde vem a influência da filosofia da Nova Era, por isso cito alguns exemplos para ajudar a um discernimento:

— Um dos campos fortes é a literatura, na qual se destacam autores muito populares: Louise Hay, Shirley Maclaine, Fritjof Capra, Paulo Coelho, Lauro Trevisan, Pierre Weil...

— Os desenhos animados com fadinhas, bruxinhas, gnomos, duendes ou monstros (por exemplo: Pokemon).

— Os filmes estilo Ghost, Harry Potter, Senhor dos Anéis...

— Músicas da Nova Era com mantras de influência oriental e efeitos tecnológicos, produzindo uma freqüência não audível ao ouvido, com força para alterar o estado de consciência. Também é forte a influência do *rock*, em cujas letras se faz a apologia do demônio, das drogas e da quebra dos valores da sociedade.

— Expressões muito usadas por militantes da Nova Era: nova consciência mundial, comunidade global, cidadão do mundo, consciência ecológica, nave terra, guia espiritual, mestres cósmicos, Senhor Maitreya, Avatar, instrutor do mundo, regressão, "você é um deus", deus interior, poder psíquico.

— Espaços onde se fornece as mais diferentes práticas esotéricas: búzios, tarô, astrologia, grafologia, shiatsu, reiki...

— Locais de venda: lojas especializadas em material esotérico (livros, duendes, incenso...), presentes nos grandes centros comerciais e nas grandes livrarias.

— Certos métodos de meditação oriental:

a) Ioga:

Tenta-se apresentar a ioga apenas como uma técnica de relaxamento ou de meditação inofensiva. O cristão não pode aceitar esse caminho ingenuamente como se ele fosse compatível com sua fé. A base da ioga é a filosofia hindu, que é panteísta (tudo é Deus, somos uma parte de Deus) e baseada na crença da reencarnação. A ioga deseja levar seus praticantes a um esvaziamento de si e dissolvê-los na divindade, com a finalidade de fazê-los acreditar serem eles mesmos divinos.

Nessa linha de pensamento, cada pessoa se transforma em seu próprio instrumento de salvação e de comunhão com o Ser Supremo. Tal convicção não tem sustentação nas Escrituras, pois com ela aprendemos que **"Ele é a pedra que vós, os construtores, tínheis rejeitado e que se tornou a pedra angular. Não há nenhuma salvação, a não ser nele; pois não há sob o céu nenhum outro nome oferecido aos homens, que seja necessário à nossa salvação" (At 4,11-12).**

Crer que nossa salvação depende de uma técnica ou fazer nossa vida espiritual resumir-se a alguns exercícios capazes de transmitir uma sensação de bem-estar é algo extremamente contrário à fé cristã.

b) Meditação transcendental:

É uma forma de meditação baseada no hinduísmo, trazida para o Ocidente em 1959 por um guru vindo da Índia. Tentou-se, em um primeiro momento, passar a idéia de que se tratava de uma técnica sem vínculo com qualquer credo religioso. Todavia, ao examiná-la, percebemos que isso é uma mentira, pois os que a praticam são levados à adoração de deuses hindus e às práticas do hinduísmo.

O método da meditação transcendental consiste na repetição de um mantra (palavra, frase ou verso sagrado dados por um guru com a finalidade de levar a pessoa a se unir com a força divina em seu interior). Seu objetivo é se libertar da matéria para mergulhar no divino até atingir o nirvana, isto é, a ausência de qualquer desejo ou vontade. Em outras palavras, a pessoa é levada ao nada.

O cristianismo busca o esvaziamento de nosso eu para preencher nosso ser com o Tudo de nosso Deus por meio do amor.

Aqueles que aceitam essas práticas somente em vista de uma satisfação imediata, e às vezes egoísta, aos poucos, como espera a Nova Era, vão assimilando consciente ou inconscientemente princípios que enfraquecem ou fazem desaparecer a fé cristã.

Os dez mandamentos na Nova Era

1. Impacientemente, esperarás a era de Aquário.
2. Imperturbavelmente, acreditarás na grande mutação.
3. Atentamente, despertarás a tua consciência.
4. Ativamente, ocupar-te-ás do teu corpo.
5. Respeitosamente, seguirás os gurus.
6. Integralmente, acreditarás no irracional.
7. Fielmente, venerarás a deusa Gaia (a terra).
8. Vigorosamente, rejeitarás as religiões estabelecidas.
9. Muito naturalmente, falarás com os espíritos.
10. Serenamemente, rir-te-ás da morte.

SÍMBOLOS DA NOVA ERA

Símbolo oficial da Sociedade Teosófica

No alto, a cruz suástica, que simboliza o movimento cósmico; no centro a estrela de Davi, que representa os processos de involução e evolução; dentro da estrela a cruz com laço, símbolo de perversão sexual, contra a pureza sexual criada por Deus. E em volta a serpente que representa Satanás.

Símbolo da Besta

O número 666

Este número tem qualidades sagradas e por isso deveria ser usado com maior freqüência possível para representar a Nova Era, segundo os ensinamentos de Alice Bailey, suma sacerdotisa da Sociedade Teosófica.

Arco-íris

É o símbolo principal da Nova Era, mas apresentado só pela metade! Ele representa a ponte entre a alma humana individual e a Grande Mente Universal ou Alma Universal, que é Lúcifer. Também é considerado como Ponte Mental entre o homem e as energias cósmicas e a cidade de Shambala, governada por Lúcifer. Na Bíblia, o arco-íris é o símbolo da Aliança entre Deus e o seu povo.

Yin-Yang

Representa o equilíbrio entre as forças contrárias: negativo e positivo, bem e mal, preto e branco. O bem e o mal são a mesma coisa, apenas são vibrações altas ou baixas. Assim, a Nova Era afirma que Deus e Lúcifer se completam, pois as forças opostas são parte da mesma perspectiva divina.

Fita entrelaçada — Sem Fim

Significa a vida entrelaçada, em que há sempre uma continuidade em outras encarnações. Também representa o pacto de sangue entre os seguidores da Nova Era. É usado para uma melhor obediência entre os aliados do movimento Nova Era.

Borboleta

Como a lagarta entra no casulo, transforma-se e sai em forma de borboleta, assim a humanidade passa de era das trevas de peixes para a nova era de aquário.

Signo de Lúcifer

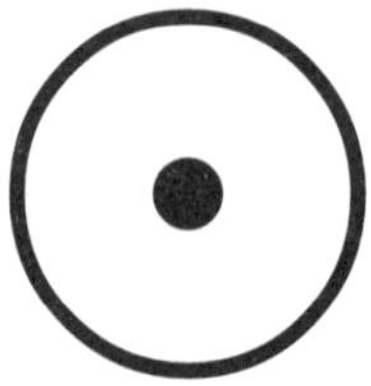

É o símbolo da bandeira de Lúcifer. O círculo representa o planeta Terra como reino de satanás. O ponto são os homens, instrumentos a serviço deste reino.

Estrela de Davi em círculo

É usada como símbolo da unificação da humanidade com as forças cósmicas.

Estrela de Davi com seis pontas

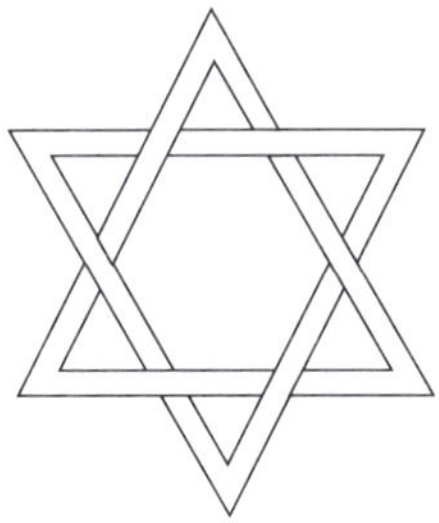

Simboliza os processos de involução e evolução. Com efeito, o triângulo que aponta para baixo apresenta a involução da energia divina que desce às formas mais simples e grotescas, ao passo que o triângulo voltado para cima indica a ascensão dos seres que tendem a se divinizar cada vez mais.

Estrela de cinco pontas

As duas pontas para cima significam Lúcifer e seu reino; duas pontas para baixo significam o homem como deus, no lugar de Deus. É símbolo da adoração a Satanás já estabelecida em várias partes do mundo. Alguns conjuntos musicais de *rock* adoram esse símbolo para garantir sucesso.

Chifre

Usado em colares, pulseiras, brincos etc., simboliza o afastamento de fluidos negativos (mau-olhado, olho gordo...).

Mão chifrada

Usado por artistas ligados à música (principalmente *rock*) e seus fãs. Simboliza o louvor em rituais satânicos.

Cruz virada para baixo

Usada por grupos de *rock* e adeptos da Nova Era. Simboliza zombaria da cruz de Jesus. Usada também em rituais satânicos.

SS

Usado por grupos nazistas e grupos de *rock;* também em roupas, broches, tatuagens etc. Simboliza o louvor e invocação de satanás.

Raio

É o reconhecimento do poderio de satanás, senhor, Satã, e a disposição de estar a seu serviço.

Besouro

Símbolo que mostra que a pessoa que usa tem poder dentro do satanismo.

Lua-estrela

Usados em roupas, endereços, artes e também em centros espíritas. Simboliza poder para transportar através do cosmo.

Pirâmide

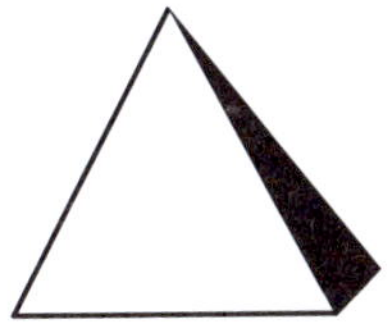

É tida como elemento que capta a energia cósmica e beneficia as pessoas dando sorte nos negócios.

Olho de Lúcifer

Simboliza o olhar de satanás sobre as finanças do mundo. (Ver nota de um dólar.)

Cruz suástica

Simboliza o movimento cósmico. É bem conhecida sua relação com Adolf Hitler e seu movimento nazista que dizimou milhões de seres humanos na Segunda Guerra Mundial. É conhecido, também no Brasil e em outras partes do mundo, o renascimento do movimento nazista. A cruz suástica é inspiração de Chamberlain, um vidente satânico e conselheiro de Hitler. Foi ele que inspirou a Hitler as idéias de um reino de terror e poder.

Anarquia

O movimento prega a destruição de toda e qualquer organização que não queira se integrar ao novo sistema. Declara a anarquia do inferno a essas organizações que resistem à adesão universal.

Cruz Satânica ou Cruz da confusão

O nome por si já diz o que significa, qual o seu uso e o seu objetivo.

Cruz de Nero

É uma cruz de cabeça para baixo, também chamada de "pé-de-galinha". Simboliza a "verdadeira" paz sem Cristo. O pé-de-galinha é uma cruz com os braços quebrados e caídos. O círculo representa o inferno. Na década de 1960 foi usada pelos *hippies*; também foi símbolo de ecologia no mundo, pois representa uma árvore de cabeça para baixo.

Urano

Amor à natureza que se expressa por meio dos movimentos ecológicos. Urano simboliza a harmonia com o cosmo, adoração à deusa Gaia, o que eles chamam de "lado feminino de Deus".

Unicórnio

É o símbolo da liberdade e da promiscuidade sexual: homossexualismo, lesbianismo, heterossexualismo, fornicacionismo, sexo grupal etc.

Cruz com laço

Simboliza o desprezo da virgindade, de troca a parceiros conforme a escolha pessoal. O movimento Nova Era ensina que a sexualidade é a parte que purifica o ser humano, eleva o espírito e embeleza o corpo. É a volta ao paganismo antigo, cujos "deuses" promoviam as danças com barulho excessivo, as orgias, a prostituição ritual etc.

Casal Transpessoal

Símbolo do fim do casamento, representado pela letra ômega, última letra do alfabeto grego. Os adeptos da Nova Era dizem que o ser humano não deve pertencer a nenhuma família possessiva, mas ficar sempre livre para buscar outros parceiros.

Cabeça de bode

É um símbolo de zombaria ao contrário do cordeiro de Deus Jesus.

Mancha

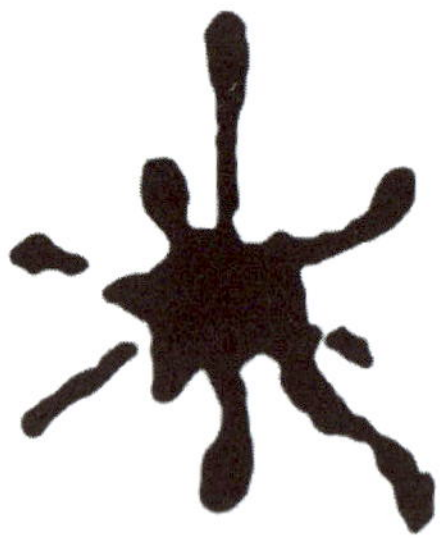

Usada principalmente em automóveis. É uma gota de sangue em zombaria ao sangue redentor de Jesus.

Netuno

Simboliza a transformação das crenças. A cruz para baixo significa que todas as crenças serão destruídas para que o planeta Terra seja governado por Maitreya, o "Novo Messias".

Plutão

Simboliza a união planetária, a construção da "Aldeia Global", é o novo nascimento do planeta Terra com a união sem fronteiras, acima de credos, cor e raça. Simboliza também a "paz universal" dentro da Nova Era.

Olho de Lúcifer

Usado em roupas e outros meios. Simboliza o olho de satanás vendo tudo e chorando por aqueles que estão fora do seu alcance (judeus e cristãos principalmente).

Palavras do Santo Padre o Papa João Paulo II aos Bispos norte-americanos em 28/5/93

"As idéias do movimento 'New Age' (Nova Era) conseguem, às vezes, insinuar-se na pregação, na catequese, nas obras e nos retiros, e desse modo influenciam até mesmo católicos praticantes que, talvez, não tenham consciência da incompatibilidade entre aquelas idéias e a fé da Igreja. Na sua visão sincretista e imanente, esses movimentos para-religiosos dão pouca importância à Revelação; pelo contrário, procuram chegar a Deus mediante a inteligência e a experiência, baseadas em elementos provenientes da espiritualidade oriental ou de técnicas psicológicas. Tendem a relativizar a doutrina religiosa, em benefício de uma vaga visão mundial, expressa como sistema de mitos e de símbolos, mediante uma linguagem religiosa. Além disso, apresentam com freqüência um conceito panteísta de Deus, o que é incompatível com a Sagrada Escritura e com a Tradição cristã. Eles substituem a responsabilidade pessoal das próprias ações perante Deus por um sentido de dever para com o cosmo, opondo-se, assim, ao verdadeiro conceito de pecado e à necessidade de redenção por meio de Cristo."

CRISTO OU O AQUÁRIO?

"A resposta cristã à Nova Era e às novas religiões" está toda contida na festa do Natal: é o Filho de Deus, nascido da Virgem Maria *"para nos salvar"*.

A verdade é que há muito sofrimento no coração dos nossos contemporâneos. E quem sofre experimenta todos os médicos. Isso explica a atual abundância de oferta em matéria de conhecimentos secretos e de receitas de felicidade para escapar ao sofrimento. A proximidade do ano 2000 faz aumentar ainda mais a febre.

Os homens de hoje andam à procura de sinais e olham para as estrelas. O Natal é verdadeiramente um sinal para a humanidade. Mas não se trata da estrela dos magos. Ela aponta apenas de longe e cede o lugar quando surge o verdadeiro sinal, que não se destina aos magos mas aos pastores: *Isto vos servirá de sinal: achareis um menino recém-nascido envolto em panos e deitado numa manjedoura* (...) *Eles foram correndo e encontraram Maria, José e o Menino deitado na manjedoura* (Lc 2,12-16).

Esse sinal não é um sinal abstrato no céu, mas um homem concreto e histórico: Jesus, nascido de Maria em Belém. Os sinais cristãos são assim: encarnados, simples acontecimentos históricos dissimulados entre as pregas da vida de todos os dias. Jesus, "o sinal", não é uma conjuntura favorável de estrelas no firmamento: é um menino que chora na manjedoura.

Cardeal Godfried Danneels
Cristo ou o Aquário?
Natal de 1990

Capítulo 15

Reiki

O Reiki é uma técnica de cura promovida pela corrente da Nova Era. É uma disciplina oriental, segundo afirmam seus seguidores, que ajuda a utilizar a capacidade escondida em cada ser humano de aproveitar a "energia vital do universo" para acabar com as doenças do corpo e da alma.

Reiki é uma palavra de origem japonesa que se refere à "energia vital do universo" que fluiria por meio de um discípulo "ativado" por ela.

O Reiki afirma que as enfermidades são sempre ocasionadas por um desequilíbrio na energia e sua técnica busca encontrar a "harmonia", o "equilíbrio" da energia existente nos diferentes centros energéticos do corpo humano *(chakras)*, mediante a imposição de mãos. Os que utilizam o Reiki prometem um grande alívio no plano físico e espiritual e uma plena sensação de paz.

A História do Reiki

O Reiki surgiu no início do século XX com Mikao Usui, decano de uma pequena universidade cristã em Kyoto, Japão. Contam que ele teve de deixar o seu posto de decano porque seus alunos lhe pediram que ensinasse a técnica utilizada por Jesus para curar com as mãos, e ele teria se sentido constrangido por não possuir esse conhecimento. Decidido a investigar a questão da imposição das mãos, matriculou-se para estudar teologia na Universidade de Chicago. Por não encontrar aí a "receita" para fazer curar como Jesus Cristo, viajou para o norte da Índia e ao Tibete, pois "suspeitava" que aí havia estudado Jesus Cristo. Estudou os escritos budistas do Tibete, e então teria encontrado a resposta intelectual para sua inquietação interior. A seguir, voltou para o Japão e aprofundou o estudo da doutrina do Buda, pois sabia que ele também havia realizado curas. Estando em um mosteiro budista, depois de fazer um jejum de 21 dias, diz ter recebido uma visão que lhe revelou o segredo do Reiki para fazer curas físicas. Mais adiante, conta que em outra visão foram revelados os cinco princípios filosóficos do Reiki, e a partir daí teria "descoberto" que toda enfermidade física tem uma origem espiritual.

O Reiki é compatível com o cristianismo?

O Reiki rapidamente se espalhou pelo ocidente, conquistando inúmeros adeptos. Um dos segredos para o seu crescimento está em dizer que é somente uma técnica de cura, e talvez por isso não entre em conflito com o cristianismo. Essa é uma das estratégias mais comuns usadas pelos adeptos da Nova Era, para atrair pessoas inocentes para a sua filosofia, com o objetivo final de levar à perda da confiança nos cuidados amorosos de Deus.

Quando o Reiki fala de uma energia universal, faz desaparecer o Deus da Bíblia. A Sagrada Escritura nos revela que Deus não é uma energia, mas uma Pessoa que nos ama com um amor pessoal. Se alguém precisa apenas aprender a "ativar a energia universal", não é mais necessário Deus, religião ou fé. Tudo passa a ser sem sentido, porque a própria pessoa passa a dominar o poder presente no universo. E isso assemelha-se à heresia do panteísmo. Segundo este pensamento filosófico, Deus e a natureza identificam-se um com o outro. Para o panteísmo tudo é Deus, e o homem é também deus, por ser parte desse tudo. No cristianismo Deus é o criador, e o homem criatura. Mesmo criado à imagem e semelhança de Deus, o homem nunca será Deus.

Os cristãos crêem na cura pela imposição de mãos. Este foi um ensino de Jesus Cristo para os seus seguidores: **"... imporão as mãos aos enfermos e eles ficarão curados" (Mc 16,18)**. Esta prática Jesus não a aprendeu na Índia, no Tibete ou em alguma outra doutrina oriental. Ele é Deus, veio habitar entre nós para anunciar a salvação. Nele recebemos o poder do alto: **"Toda autoridade me foi dada no céu e na terra" (Mt 28,18).** Para exercitar a autoridade dada por Jesus basta a fé: **"Em verdade vos declaro: todo o que disser a este monte: levanta-te e lança-te ao mar, se não duvidar em seu coração, mas acreditar que sucederá tudo o que disser, obterá esse milagre" (Mc 11,23).**

Capítulo 16

Reencarnação

A volta da discussão sobre a doutrina da reencarnação é resultado do crescimento do fenômeno do ocultismo. Não se trata mais apenas de uma identificação com o espiritismo, mas algo com implicações mais graves. Tenta-se passar a idéia de que a crença na reencarnação sempre acompanhou o homem nas mais diferentes culturas e religiões. Em uma pesquisa realizada em nosso país chegou-se a um alarmante resultado: 34% dos católicos, 29% dos evangélicos e 20% dos não-crentes acreditam nessa possibilidade. A Nova Era, em uma tentativa de difundir a crença na reencarnação, sem associá-la ao espiritismo, usa a expressão "vidas passadas".

O que é reencarnação?

Reencarnar é renascer, depois da morte, em outro corpo humano, animal, vegetal ou mineral de acordo com algumas culturas. É uma tentativa para explicar a questão do castigo para as más obras e prêmio para as boas, oferecendo a possibilidade de purificar-se do mal praticado por meio de diversas vidas. Nessa visão de pensamento a pessoa boa reencarna para receber o mérito das suas boas ações, ou paga por meio do sofrimento pelas más. Assim são justificadas as doenças, os defeitos físicos... Chama-se *karma* essa lei cega que crê que a reencarnação é o destino de todos os homens.

Origem da reencarnação

As origens da reencarnação remontam mais ou menos à mesma época tanto no Ocidente como no Oriente. Segundo muitos estudiosos, no século VII a.C, Grécia e Índia seriam os lugares onde aparece a idéia de reencarnação.

A reencarnação se desenvolve na Grécia por meio de uma doutrina conhecida como orfismo. O deus do orfismo é Dionísio, filho de Zeus. Conta a mitologia grega que, quando Dionísio estava para receber o poder do mundo, foi devorado por Titão. Seu coração foi salvo e entregue a seu pai, que criou um novo Dionísio. Titão foi fulminado por Zeus e das suas cinzas teriam surgido os homens. Desse modo, o orfismo tenta explicar a tendência do homem para o bem e o mal: ele tem algo de dionisíaco (divino) e titânico (mau). A alma é a parte divina do homem, e o corpo titânico é sua prisão. O orfismo professava a imortalidade, como também que a alma devia voltar à terra em outro corpo para purificar-se do mal praticado em vidas passadas.

Na Índia a reencarnação surge da observação do ciclo da natureza. O sol aparecia de manhã, desaparecia à tarde e voltava no outro dia. As estações do ano iam e voltavam, do verão ao inverno. As plantas desabrochavam, murchavam, para mais tarde reiniciar o seu ritmo. Enfim, a vida parecia feita de ciclos em contínua repetição. Essas observações levaram a concluir que também o homem nasce, cresce, morre e a seguir volta à terra. Como na morte o corpo se decompõe, a alma retornaria por meio de outro corpo. A doutrina da reencarnação influenciou o budismo, por meio do qual entrou na China, no Tibete, Japão...

No ocidente a crença da reencarnação foi se difundindo de vários modos. No século XVI, o filósofo Giordano Bruno (1548–1600) foi um dos seus principais defensores. Porém, foi somente no século XIX, na França, com a publicação em

1857 do *Livro dos Espíritos*, de Allan Kardec (1804–1869), que essa doutrina começa a se popularizar.

Aí são lançados os fundamentos do espiritismo moderno, que passaria a influenciar diversas outras correntes filosóficas e religiosas. Destaca-se Helena Petrovna Blavatsky, colaboradora de Kardec, que fundou a Sociedade Teosófica, que está nas origens do interesse crescente pelo esoterismo e do pensamento da Nova Era.

Uma tentativa para não se vincular ao espiritismo, mesmo crendo na reencarnação, é a chamada psicologia transpessoal com a terapia de vidas passadas, fundamentada na suposta recordação e cura de experiências de outras vidas que estariam na origem dos conflitos psicológicos do presente.

Bíblia e reencarnação

A Sagrada Escritura é muito clara em descartar a possibilidade de reencarnação. O ponto de partida está no fato do ser humano possuir uma dignidade que o distingue do restante da criação: **"Então Deus disse: Façamos o homem à nossa imagem e semelhança. Que ele reine sobre os peixes do mar, sobre as aves dos céus, sobre os animais domésticos e sobre toda a terra, e sobre todos os répteis que se arrastam sobre a terra. Deus criou o homem a sua imagem; criou-o à imagem de Deus, criou o homem e a mulher" (Gn 1,26-27)**. Em outras palavras, Deus criou o homem e a mulher com uma identidade pessoal, que não se destrói com a morte. Já para os defensores da reencarnação, uma pessoa poderia passar de um sexo a outro, de uma profissão a outra, de um nível de perfeição moral e metafísico a outro como quem muda de roupa. O ser humano não é um simples conjunto de energia destinado a dissolver-se. A crença na reencarnação despersonaliza o ser humano, diminui a sua grandeza, equiparando-o ao resto da criação. É importante não perder de vista que a amizade com Deus somente é possível se cada um conserva a sua própria identidade.

Outro ponto importante é chamar a atenção sobre a brevidade da vida, como, por exemplo, reza o salmista: **"Afastai de mim a vossa ira para que eu tome alento, antes que me vá para não mais voltar" (Sl 38,14)**. Também é o espírito da oração de Jó, quando este enfrentou uma terrível doença: **"Antes que eu parta, para não mais voltar, ao tenebroso país das sombras da morte, opaca e sombria região, reino de sombra e de caos, onde a noite faz as vezes de claridade" (Jó 10,21-22).** No livro da **Sabedoria 16,14** está escrito: **"Enquanto o homem, se pode matar por sua maldade, não pode fazer voltar o espírito uma vez saído, nem chamar de volta a alma que o Hades já recebeu".**

No Antigo Testamento é forte a crença de que nascemos somente uma vez. Quando o rei Davi perdeu seu filho, afirmou: **"Mas agora, que morreu, para que jejuar ainda? Posso por acaso fazê-lo voltar a vida? Eu é que irei para junto dele; ele, porém, não voltará mais a mim" (2Sm 12,23).**

A reencarnação ficou completamente descartada a partir do ano 200 a. C., com a convicção de que depois da morte a vida continua. Não na terra, mas na eternidade. Trata-se da revelação da doutrina da ressurreição. Aparece pela primeira vez no livro do profeta Daniel: **"Muitos daqueles que dormem no pó da terra despertarão, uns para uma vida eterna, outros para a ignomínia, a infâmia eterna" (12,2).** O profeta Isaías transmite a mesma certeza: **"Os teus corpos tornarão a viver, os teus cadáveres ressurgirão" (Is 26,19** — Bíblia de Jerusalém). Também é a profissão de fé dos sete irmãos macabeus diante da ameaça de morte do rei Antíoco IV: **"...tu nos arrebatas a vida presente, mas o Rei do Universo nos ressuscitará para a vida**

eterna" (2Mc 7,9); e **"meus irmãos participam agora da vida eterna, em virtude do sinal da aliança, após terem padecido um instante..." (2Mc 7,36).**

No Novo Testamento a revelação da vida eterna e da ressurreição fica definitivamente confirmada. Jesus procurou levar os seus discípulos à verdade, não aceitando as idéias erradas que tinham sobre a sua pessoa: **"Saiu com os seus discípulos para as aldeias de Cesaréia de Filipe e pelo caminho perguntou-lhes: 'quem dizem os homens que eu sou?' Responderam-lhe os discípulos: 'João Batista; outros Elias; outros um dos profetas'. Então, perguntou-lhes Jesus: 'E vós, quem dizeis que eu sou?' Respondeu Pedro: 'Tu és o Cristo'" (Mc 8,27-29).** Também ajudou as pessoas o modo como olhava para a morte de entes queridos. Um dos belos exemplos é o encontro com Marta, irmã de Lázaro: **"Marta disse a Jesus: 'Senhor, se tivesses estado aqui, meu irmão não teria morrido. Mas sei que também, agora, que tudo o que pedires a Deus, Deus to concederá'. Disse-lhe Jesus: 'Teu irmão ressurgirá'. Respondeu-lhe Marta: 'Sei que há de ressurgir na ressurreição no último dia'. Disse-lhe Jesus: 'Eu sou a ressurreição e a vida. Aquele que crê em mim, ainda que esteja morto, viverá. E todo aquele que vive e crê em mim jamais morrerá. Crês isto?' Respondeu ela: 'Sim, Senhor, eu creio que tu és o Cristo, Filho de Deus, aquele que devia vir a este mundo'" (Jo 11,24-27).**

Na parábola do rico e de Lázaro, contou que **"aconteceu morrer o mendigo e ser levado pelos anjos ao seio de Abraão. Morreu também o rico e foi sepultado. E estando ele nos tormentos do inferno..." (Lc 16,22-23).** É interessante observar que o Senhor não disse ao homem rico que ele teria uma nova chance reencarnando. Ao contrário, ao rico é dito: **"Filho, lembra-te de que recebeste teus bens em vida, mas Lázaro males; por isso ele agora aqui é consolado, mas tu estás em tormento" (Lc 16,25).**

Também não foi permitido aparecer aos irmãos vivos para alertá-los do castigo eterno: **“Eles lá têm Moisés e os profetas; ouça-nos” (Lc 16,29).**

Quando Jesus estava morrendo na cruz, o bom ladrão suplicou: **“Jesus, lembra-te de mim, quando tiveres entrado no teu Reino” (Lc 23,42).** A resposta não deixa margem a dúvidas: **“Jesus respondeu-lhe: ‘Em verdade te digo: hoje estarás comigo no paraíso’” (Lc 23,43).** Ao dizer **“hoje estarás comigo”**, é descartada a possibilidade de voltar a nascer neste mundo.

A profissão de fé da Igreja primitiva era muito clara sobre o que acontece no momento em que alguém parte desta vida: **“está determinado que os homens morram uma só vez, e logo em seguida vem o juízo” (Hb 9,27).** São Paulo, ao escrever aos filipenses, diz: **“Sinto-me pressionado de dois lados: por uma parte, desejaria desprender-me para estar com Cristo — o que seria imensamente melhor; mas, de outra parte, continuar a viver é mais necessário, por causa de vós” (Fl 1,23-24).** O apóstolo testemunha não acreditar na reencarnação, pois seria inútil sua vontade de morrer, se ele acreditasse que voltaria em outro corpo.

Alguns textos bíblicos usados para tentar justificar a reencarnação

Os defensores da reencarnação tentam provar sua doutrina usando de modo equivocado alguns trechos da Sagrada Escritura.

— “Quem não nascer de novo...” (Jo 3,3)

O diálogo de Jesus com Nicodemos seria, para os reencarnacionistas, um argumento valioso para a prova de outras vidas. Entretanto, a coisa não é assim tão simples. Por quê?

Um exame atento ao texto revela que Jesus, ao falar da necessidade de "nascer de novo", não está falando de um nascimento por meio do corpo. Quando Nicodemos perguntou: **"Como pode um homem renascer, sendo velho? Porventura pode tornar a entrar no seio de sua mãe e nascer pela segunda vez?" (Jo 3,4)**, a resposta de Jesus foi: **"...quem não renascer da água e do Espírito não poderá entrar no Reino de Deus" (Jo 3,5)**. Fica claro tratar-se de um nascimento espiritual e não físico. Jesus está recordando o tema bíblico da regeneração espiritual ou novo nascimento: **"Derramarei sobre vós águas puras...dar-vos-ei um coração novo e em vós porei um espírito novo..." (Ez 36,25.26)**. Em outras partes da Bíblia também se fala dessa necessidade de um novo nascimento espiritual: **"Todo aquele que está em Cristo é uma nova criatura. Passou o que era velho; eis que tudo se fez novo" (2Cor 5,17); "E não por meio de obras de justiça que tivéssemos praticado, mas unicamente em virtude de sua misericórdia, ele nos salvou mediante o batismo de regeneração e renovação, pelo Espírito Santo, que nos foi concedido em profusão, por meio de Cristo, nosso Salvador" (Tt 3,5-6).**

— João Batista, reencarnação do profeta Elias

Para provar essa afirmação são usados dois textos:

a) Nascimento de João Batista: Lc 1,13-17

Usam principalmente a descrição dada pelo anjo sobre a missão de João Batista: **"irá adiante de Deus com o espírito e o poder de Elias, para reconduzir o coração dos pais aos seus filhos e os rebeldes à sabedoria dos justos, para preparar ao Senhor um povo bem disposto" (Lc 1,17).**

As palavras **"o espírito e o poder de Elias"** não se referem de modo algum a uma possível presença do profeta no corpo de João Batista. Aqui está sendo indicado que ele realizará a missão de Deus, como fez Elias no passado. Ademais, é importante não esquecer que quando perguntaram a João Batista se ele era Elias a sua resposta foi: **"Não o sou" (Jo 1,21).**

b) Transfiguração: Mt 17,11-13

Aqui apóiam-se na afirmação de Jesus em **Mt 17,11.13: "Elias, de fato, deve voltar e restabelecer todas as coisas. Mas eu vos digo que Elias já veio, mas não o conheceram; antes, fizeram com ele quanto quiseram... os discípulos compreenderam, então, que lhes falava de João Batista".**

Novamente estamos diante de uma interpretação figurativa, isto é, indicando que João Batista pregava com a mesma força do profeta Elias. Para a tradição dos judeus, Elias não havia morrido, ou seja, não havia desencarnado. Ele foi arrebatado com o corpo para o céu: **"Continuando o seu caminho, entretidos a conversar, eis que de repente um carro de fogo com cavalos de fogo os separou um do outro, e Elias subiu ao céu em um turbilhão" (2Rs 2,11).**

Também é necessário recordar que, quando Moisés e Elias apareceram a Jesus no monte Tabor, João Batista já havia morrido. Pelas regras da reencarnação o espírito toma forma no último corpo que habitou, desse modo João Batista deveria aparecer, e não Elias.

Os primeiros cristãos acreditavam na reencarnação?

D. Estêvão Bettencurt — monge beneditino do Rio de Janeiro — publicou uma carta (18/8/96) esclarecendo um artigo do jornal *O Globo*, que tinha como título *A reencarnação e a Igreja antiga:*

"Em vista de declarações publicadas a respeito da Igreja e a reencarnação, convém esclarecer o seguinte: A Igreja nunca professou a reencarnação. Existem testemunhos de Clemente de Alexandria (+215), Ireneu de Lião (+202), Enéias de Gaza (+520) e outros autores que rejeitam peremptoriamente a reencarnação, baseando-se, aliás, nas Escrituras Sagradas; estas professam uma só passagem do homem sobre a terra (Hb 9,27). Acontece, porém, que, a partir do século V, uma corrente de monges do Egito, da Palestina e da Síria, pouco letrados, passaram a acreditar na reencarnação; eram chamados 'origenistas', pois seguiam seu mestre Orígenes (+254), que propusera como simples hipótese uma teoria próxima à reencarnacionista. Logo os abades São Sabas e Gelásio censuraram tal corrente, cujas idéias foram finalmente condenadas pelo Sínodo Permanente de Constantinopla, em 543. O Papa Vigílio aprovou a rejeição da tese, visto que esta é incompatível com a noção de um Deus que salva o homem pela morte e ressurreição de Jesus Cristo. A reencarnação foi ainda repetidamente rejeitada pelos Concílios Gerais de Lião (1274) e Florença (1439), como também pelo do Vaticano II(1965, *Lumen Gentium*, 48)".

A reencarnação nega a obra de salvação de Jesus Cristo

Pela doutrina da reencarnação a própria pessoa, por meio de diversas vidas, paga pelos erros cometidos até chegar a uma purificação final. Essa crença reduz a nada o nascimento, paixão, morte e ressurreição de Jesus. E por quê? No Antigo Testamento foi profetizado: **"Tomou sobre si nossas enfermidades. E carregou os nossos sofrimentos... foi castigado por nossos crimes. E esmagado por nosssas ini-**

qüidades; o castigo que nos salva pesou sobre ele; fomos curados pelas suas chagas" (Is 53,4.5); no Seu nascimento o anjo anunciou aos pastores: **"hoje vos nasceu na cidade de Davi um Salvador..." (Lc 2,11)**;

João Batista apontou para Ele afirmando: **"Eis o cordeiro de Deus, que tira o pecado do mundo" (Jo 1,29)**; São Paulo, de modo forte, revela: **"eis aqui uma prova brilhante do amor de Deus por nós: quando éramos ainda pecadores, Cristo morreu por nós" (Rm 5,8)**.

Esses trechos selecionados indicam uma verdade fundamental: crer na reencarnação afasta a pessoa de Jesus, pois torna desnecessária a sua obra redentora. Ele fica reduzido a uma pessoa boa, mas equivocado em Sua missão e mensagem. Também é negada a revelação divina da Bíblia.

Capítulo 17

Numerologia

Uma das modas dos últimos anos é mudar alguma letra do nome para melhorar a sorte. Também aumenta o número de pessoas que consultam o melhor número para realizar suas atividades. Essas práticas demonstram a crença de que os números, e as letras associadas a eles, têm a força para revelar aquilo que queremos saber sobre nossas necessidades e também influenciar o futuro. Chama-se a isso de numerologia.

O que é numerologia?

Numerologia é o estudo qualitativo dos números aplicados ao ser humano. Também são utilizadas as letras do alfabeto, convertendo-as a números por meio de uma tabela e assim determinando um valor numérico para os nomes.

Para a numerologia, os números ou letras nos dizem como somos, com o que viemos a este mundo e qual será o nosso destino. Trata-se de um método de predição do futuro. Existem diversos métodos de adivinhação que também usam a numerologia: Tarô, Cabala, I Ching...

A numerologia tem duas crenças básicas: a vida é cíclica e não linear, e o mundo é dinâmico, está vivo, e tudo que está nele também vibra com sua energia. Os números simbolizariam esse fluxo cíclico de energia e os padrões da vida. Desse modo, cada número teria sua própria vibração e representaria caráter, poder, potencial e oportunidades.

Para a numerologia o poder e o potencial de tudo na natureza, incluindo nós mesmos, é mais bem compreendido mediante o estudo detalhado dos números.

Numerologia, Bíblia e Igreja

A numerologia tem as suas raízes no ocultismo e está ligada a antigas artes adivinhatórias. A adivinhação é a pretensão de prever as coisas futuras e ocultas. Pretende descobrir aquilo que pertence somente a Deus. Em diversas ocasiões Israel usou desse recurso, desobedecendo à Palavra de Deus:

> **"Fez passar pelo fogo seus próprios filhos no vale de Beninom; entregou-se à astrologia, à adivinhação e à magia, praticou a necromancia e a bruxaria, e multiplicou os atos que desagradam ao Senhor, provocando-lhe assim a ira" (2Cr 33,6).**
>
> **"Não escuteis, portanto, vossos profetas e adivinhos, nem vossos vaticinadores, astrólogos e feiticeiros que vos disseram que não sereis sujeitos ao rei da Babilônia" (Jr 27,9).**

Desde o início, o cristianismo manteve a proibição da prática da adivinhação. Os Concílios de Vanes (461), de Adge (506) e de Orleans (511) excomungaram os adivinhos de qualquer tipo. O *Catecismo da Igreja Católica*, n. 2115, ensina que o verdadeiro católico professa a certeza de que seu futuro está seguro em Deus: "Deus pode revelar o futuro a seus profetas ou a outros santos. Todavia, a atitude cristã correta consiste em entregar-se com confiança nas mãos da providência no que tange ao futuro e em abandonar toda curiosidade doentia a este respeito. A imprevidência pode ser uma falta de responsabilidade".

O significado dos números para a Bíblia

Para desvendar o significado dos números na Sagrada Escritura é importante não perder de vista que, de modo diferente de outros povos, eles nunca tiveram um valor mágico ou sagrado. Às vezes foram usados em seu valor aritmético exato, outras aproximado e em muitos casos com uma significação simbólica.

Para a Bíblia, os números não têm força para desvendar o futuro. Nenhum número possui sentido oculto ou misterioso, mas unicamente um sentido religioso, por meio do qual recorda-se um fato bíblico. Alguns exemplos do significado dos números:

— **Um:** refere-se a Deus, pois existe somente um **(cf. Dt 6,4)**; o Pai e o Filho são um **(Jo 10,30)**; o pecado entrou no mundo por um homem, do mesmo modo como a justiça **(Rm 5,12.15)**.

— **Dois**: recorda a complementação e a contrariedade ao mesmo tempo. Deus criou o homem e a mulher diferentes e ao mesmo tempo para formarem uma só carne **(Gn 1,27; Gn 2,21-24)**; assim aconteceu quando Noé levou para a arca um casal de cada espécie **(Gn 6,19ss)**.

— **Três**: lembra o mistério da Santíssima Trindade **(Mt 28,19)**, e foi no terceiro dia a ressurreição **(1Cor 15,4)**.

— **Quatro**: quatro rios saíam do jardim do Éden **(Gn 2,10)**; quatro cantos da terra **(Ap 7,1)**.

— **Cinco**: recorda os animais do antigo sacrifício **(Nm 7,17.23.29)** e as pedras de Davi contra o gigante Golias **(1Sm 17,40)**, as cinco virgens prudentes e as insensatas **(Mt 25,2)**.

— **Seis**: significa algo incompleto: o homem criado em seis dias **(Gn 1,27)**.

— **Sete**: é a plenitude da perfeição: Deus descansou no sétimo dia **(Gn 2,2)**; o candeeiro dos judeus tinha sete braços **(Ex 25,32)**.

— **Oito**: indica o recomeço: depois do Dilúvio, na arca de Noé, oito homens estavam salvos **(Gn 6,18)**; no oitavo dia era feita a circuncisão **(Gn 21,4)**.

— **Nove**: não tem nenhum aparente significado.

— **Dez**: algo completo como a tábua dos dez mandamentos.

— **Onze**: não tem nenhum aparente significado.

— **Doze**: lembra o governo divino: Israel tinha doze tribos **(Gn 35,22-27)**; doze foram os apóstolos escolhidos por Jesus **(Mt 10,1ss)**.

— **Quarenta**: tempo de prova: o Dilúvio aconteceu pela chuva de quarenta dias **(Gn 7,4.12.17)**; os judeus caminharam durante quarenta anos pelo deserto **(Nm 14,34)**; Jesus foi tentado pelo demônio durante quarenta dias **(Lc 4,1ss)**.

— **Cinqüenta**: alegria da celebração do jubileu, quando as dívidas eram perdoadas, os escravos libertados... **(Lv 25,8-10)**.

— **Setenta**: significa também plenitude da vontade de Deus: foram escolhidos setenta homens para colaborar com Moisés **(Nm 11,16)**, e representavam Israel diante de Deus **(Ex 24,1)**.

— **Seiscentos e sessenta e seis**. É o único número claramente apresentado com um significado simbólico, aponta para o Anticristo **(Ap 13,18)**.

— **Cento e quarenta e quatro mil.** Fala da imensidão dos eleitos de Deus conservados debaixo da proteção de Deus: 12x12x1000 (coeficiente da imensidade).

Capítulo 18

Anjos

Cresce o interesse sobre a influência dos anjos na vida das pessoas. Livros, CDs, adornos, cursos para aprender a falar com os anjos são oferecidos com a mesma naturalidade de qualquer outro produto de consumo. Em certos países, como, por exemplo, Portugal, existe a sofisticação da possibilidade de receber uma mensagem diária dos anjos pelo telefone celular.

Essa onda dos anjos também convida as pessoas a estabelecerem um canal de comunicação com esses seres celestiais. Um dos meios seria descobrir o seu nome para identificá-lo de um modo pessoal. Alguns "especialistas em anjos" estimulam as pessoas a escreverem uma carta ao seu anjo para pedir ajuda. E o conselho é o de dar detalhes dos seus pedidos: marca de carro, nome da empresa onde quer trabalhar...

O interessante é observar que a crença na existência dos anjos nem sempre está associada à prática fervorosa da fé cristã. E, nesse caso, os anjos são apresentados com características semelhantes a de Deus. Há também quem afirme serem os anjos seres extraterrestres, que visitam a terra para ajudar os seres humanos.

Os anjos existem?

Na sua longa história, a Igreja jamais colocou em dúvida essa questão por se tratar de uma verdade revelada na Sagrada Escritura. Para o católico, é um dogma de fé, definido pelo IV Concílio de Latrão (1215), com as seguintes palavras:

"Firmemente cremos e confessamos que só existe um e verdadeiro Deus; uno no princípio de todas as coisas; criador das coisas visíveis e invisíveis, espirituais e corporais, o qual com seu poder onipotente, no princípio dos tempos, simultaneamente e igualmente criou uma e outra criatura, a espiritual e a corpórea, isto é, a angélica e a do mundo e depois a criatura humana..."

Essa certeza é recordada pelo Concílio Vaticano II: "A Igreja venerou com particular afeto, junto com a Bem-Aventurada Virgem Maria e os santos Anjos, os Apóstolos e Mártires" (LG 50). No Credo do Povo de Deus, Paulo VI, proclamou a fé: "Num só Deus, Criador de todas as coisas visíveis, como este mundo onde transcorre nossa vida fugidia, das coisas invisíveis como os puros espíritos também chamados Anjos".

O *Catecismo da Igreja Católica* ensina: "A existência dos seres espirituais, não corporais, que a Sagrada Escritura chama habitualmente de anjos, é uma verdade de fé. O testemunho da Escritura a respeito é tão claro quanto a unanimidade da Tradição" (CIC 328).

Bíblia e anjos

Inúmeras são as referências bíblicas sobre os anjos. Eles aparecem pela primeira vez em **Gn 3,24: "... colocou ao oriente do jardim do Éden querubins armados de uma espada flamejante, para guardar o caminho da árvore da vida"**. A partir daí passam também a acompanhar a caminhada dos homens pela terra.

É importante não perder de vista que os anjos são seres espirituais criados por Deus: **"Nele foram criadas todas as coisas nos céus e na terra, as criaturas visíveis e invisíveis. Tronos, dominações, principados, potestades: tudo foi criado por Ele e para Ele" (Cl 1,16)**. Nesse sentido não tem um poder igual ou semelhante ao Criador.

No céu realizam a missão de adorar, louvar e servir a Deus: **"E todos os Anjos estavam ao redor do trono, dos Anciãos e dos quatro Animais, prostravam-se de face em terra diante do trono e adoravam a Deus, dizendo: Amém, louvor, glória, sabedoria, ação de graças, honra, poder e força ao nosso Deus pelos séculos dos séculos. Amém" (Ap 7,11-12).**

A palavra anjo significa mensageiro. Desse modo, os anjos são espíritos enviados por Deus para realizar uma obra em favor dos homens: **"Não são os anjos espíritos ao serviço de Deus, que lhes confia missões para o bem daqueles que devem herdar a salvação?" (Hb 1,14).** Entre as suas obras principais, destacam-se:

— Comunicar mensagens do Senhor. Um dos melhores exemplos é a visita do anjo Gabriel à Nossa Senhora: **"No sexto mês, o anjo Gabriel foi enviado por Deus a uma cidade da Galiléia, chamada Nazaré, a uma virgem desposada com um homem que se chamava José, da casa de Davi; e o nome da virgem era Maria" (Lc 1,26).**

— Auxiliar diante do sofrimento e perigo. Ao navegar para Roma, Paulo foi salvo de um naufrágio. Ao explicar esse milagre, disse: **"Esta noite apareceu-me um anjo de Deus, a quem pertenço e a quem sirvo, o qual me disse: Não temas, Paulo. É necessário que compareças diante de César. Deus deu-te todos os que navegam contigo" (At 27,23-24).**

— Dar proteção: **"porque aos seus anjos ele mandou que te guardem em todos os teus caminhos" (Sl 90,11).**

— Realizar a justiça de Deus, trazendo a recompensa ou o castigo. Na destruição de Sodoma e Gomorra, dois anjos foram enviados para informar essa sentença a Abraão e Lot **(cf. Gn 19,1ss).**

— Apresentar ao Senhor as preces dos justos. O arcanjo Rafael diz a Tobit: **"Quando tu oravas com lágrimas e enterravas os mortos, quando deixavas a tua refeição e ias ocultar os mortos em tua casa durante o dia, para sepultá-los quando viesse a noite, eu apresentava as tuas orações ao Senhor" (Tb 12,12).**

Apesar de existir um número incontável de anjos, a Sagrada Escritura somente chama pelo nome a três. O primeiro é o arcanjo Miguel **(cf. Dn 10,13.20; Jd 9; Ap 12,7)**, cujo nome significa "Quem é como Deus". Sua missão é lutar contra as forças do mal: **"Houve uma batalha no céu. Miguel e seus anjos tiveram de combater o Dragão. O Dragão e seus anjos travaram combate. Mas não prevaleceram. E já não houve lugar no céu para eles" (Ap 12,7-8).** O segundo é Gabriel, cujo nome significa "Deus é forte", foi o encarregado de anunciar o Messias. Apareceu a Daniel **(cf. Dn 10,13; 12,1)**, Zacarias **(cf. Lc 1,19)** e Maria **(Lc 1,26)**. E o terceiro é Rafael, cujo nome significa "Deus Cura". Ele se faz conhecer por meio da história de Tobias: **"Eu sou o anjo Rafael, um dos sete que assistimos na presença do Senhor" (Tb 12,15)**. É invocado contra as doenças físicas, em problemas familiares, questões financeiras e viagens.

Algumas perguntas

1. Existe anjo da guarda?

Essa doutrina tem o seu principal fundamento nas palavras de Jesus: **"Guardai-vos de menosprezar um só destes pequenos, porque vos digo que seus anjos nos céus contemplam sem cessar a face de meu Pai que está nos céus" (Mt 18,10)**. A Igreja celebra a sua memória no dia 2 de outubro. "Na história da salvação, Deus confia aos Anjos o encargo de proteger os patriarcas, os seus servos **(Sl 90,11-13)** e todo o povo eleito **(Ex 23,20-23)**. Na cadeia Pedro é libertado por seu Anjo **(At 12,7-11.15)**. Jesus, para defesa dos pequeninos, diz que os Anjos deles vêem sempre a face do Pai que está nos céus **(Mt 18,10)**. Essa celebração foi introduzida no calendário romano em 1615"[1].

O *Catecismo da Igreja Católica* ensina: "Desde a infância até a morte, a vida humana é cercada pela sua proteção e sua intercessão. Cada fiel é ladeado por um anjo como protetor e pastor para conduzi-lo à vida. Ainda aqui na terra, a vida cristã participa, na fé da sociedade bem-aventurada dos anjos e dos homens, unidos em Deus" (CIC 336).

São Francisco de Sales escreveu: "Os anjos da guarda têm a função de nos assistir com suas inspirações, de nos defender nos perigos, de corrigir nossos defeitos; de nos estimular na conquista das virtudes. Têm a missão de levar nossas orações ao trono da divina bondade, majestade e misericórdia do Senhor, e de nos dizer se elas foram atendidas. As graças que recebemos nos são dadas por intercessão de nossos anjos bons" (*Entretenimentos espirituais,* III,51).

2. Como praticar uma correta devoção aos anjos?

A devoção aos anjos leva à prática da Palavra de Deus e dos ensinamentos da Igreja. Os anjos de luz nunca levam à desobediência, pois nesse caso estão afastados de Deus, chamando-se demônios. Na Bíblia os anjos são sempre enviados por Deus para realizar uma missão junto dos homens. E a finalidade principal dessa missão é chamá-los à conversão, para escapar da condenação final.

Santo Agostinho dizia: "É preciso honrar os anjos testemunhando-lhes amor e respeito, mas não adoração, a qual somente a Deus é devido". Quando São João, o autor do livro do Apocalipse, quis ajoelhar-se diante de um anjo, ouviu dele as seguintes palavras: **"Não faças isso! Eu sou um servo, como tu e teus irmãos, possuidores do testemunho de Jesus. Adora a Deus" (Ap 19,10)**.

1. Missal Romano, p. 669.

Os anjos são adorados quando os invocamos como se fossem entidades mágicas, com o poder de trazer qualquer solução para a vida da pessoa, independente do relacionamento com Deus. Essa é uma armadilha da Nova Era, espalhando a moda dos anjos. Quando o homem deixa de crer no verdadeiro Deus, passa a crer em qualquer coisa e comete enganos danosos para sua vida.

Um dos erros graves ligados à devoção dos anjos é tentar descobrir o nome do seu anjo da guarda, ou de qualquer outro anjo. Somente conhecemos o nome de três anjos: Miguel, Rafael e Gabriel.

3. Podemos rezar pedindo o auxílio dos anjos?

Se os anjos são enviados para estar junto dos homens, tornam-se, como aconteceu com Tobias, companheiros de caminhada pela vida. Podemos conversar com eles, pedindo sua ajuda e proteção. O papa Pio XI afirmava: "Sempre me senti maravilhosamente assistido pelo meu anjo da guarda. Experimentei continuamente que ele está bem perto de mim, pronto a ajudar-me". São João Maria Vianney, o Cura d Ars, ao chegar aos limites de sua paróquia, ajoelhou-se e rezou ao seu anjo da guarda. E o fruto da sua oração foi a conversão da maioria da população do lugar.

ELE MARCOU UM ENCONTRO COM VOCÊ

ASSISTA AOS PROGRAMAS DO PE. ALBERTO GAMBARINI:

REDE VIDA
Domingo às 17 horas
De segunda a sexta-feira, às 6h30 e 17h30

TV GAZETA de São Paulo CANAL 11
(e também por parabólica para todo o Brasil)
Domingo às 8 horas

Um programa da sua

IGREJA CATÓLICA APOSTÓLICA ROMANA

1Cor 9,16

"AI DE MIM, SE EU NÃO ANUNCIAR O EVANGELHO"

LEIA TAMBÉM OUTROS LIVROS DO AUTOR

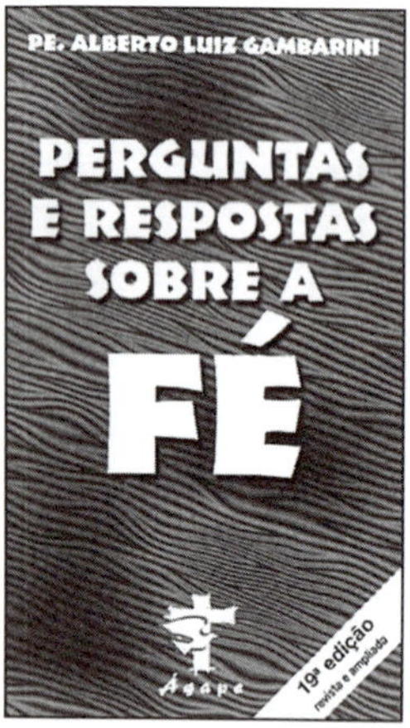

PERGUNTAS E RESPOSTAS SOBRE A FÉ

RESPOSTAS ÀS CRÍTICAS À DOUTRINA CATÓLICA: O Batismo das crianças – A Besta do Apocalipse – A questão das imagens – Sábado e Domingo – Domingo e Sábado – O Papa é o sucessor de Pedro? **RESPOSTAS ÀS FALSAS DOUTRINAS:** O Espiritismo – Algumas questões sobre o Espiritismo – Umbanda – Os Mórmons – Moon – Seicho-No-Iê – Testemunhas de Jeová – A Maçonaria – Os Adventistas do Sétimo Dia – Quem vai para o céu – Qual o castigo dos maus – Seita de cura. **PERGUNTAS SOBRE NOSSA SENHORA:** Culto a Maria: Certo ou Errado? – Imaculada Conceição de Maria – Assunção de Nossa Senhora – Jesus teve outros irmãos? – Aparições de Nossa Senhora: verdade ou mentira? – Rosário – Aprendendo a rezar o terço. **O FUNDAMENTO DA FÉ:** Todas as Bíblias são iguais? – A regra da nossa fé: só a bíblia ou Bíblia, tradição e magistério? **A REALIDADE DO MAL:** Diabo: Realidade ou fantasia? – Jesus e a derrota de Satanás – Questão do mal: contaminação maligna – Meios para não ser contaminado pelo maligno. **O CRISTÃO E A CURA:** Jesus cura? – Cura: Novo Testamento – A Igreja e a Cura – Missa e Cura – Perdão e Cura.

VITÓRIA PELA ORAÇÃO

Tipos de oração. O jejum. Eucaristia: o lugar para uma vida abençoada. Complemento para todos os tipos de oração. Plano de Oração. Oração de Jesus. Rosário. Aprendendo a rezar o terço.

A FONTE DA VIDA
O NOVO NASCIMENTO

A necessidade do novo nascimento – O amor de Deus – Por que fracassamos? A questão do pecado – Cruz: a solução de Deus para nossas vidas – Que é o novo nascimento – O que não é o novo nascimento – O cuidado com a emoção – Meios para crescer espiritualmente na vida nova – Aprender a discernir nas dificuldades.

MORTE: LUCRO OU PERDA?

Que é morte? Existe o céu? Inferno: verdade ou fantasia? E o purgatório? Segunda vinda de Cristo: realidade ou sonho? O Anticristo: como identificá-lo? A ressurreição da carne. Livres do medo da morte

O FOGO DE PENTECOSTES

Vida nova no Espírito. Espírito Santo, o princípio ativo. A chave para a vida no Espírito: Efusão do Espírito. A evidência da efusão do Espírito: Primeira parte. A evidência da efusão do Espírito: fruto do Espírito. Os dons extraordinários do Espírito: os carismas. Conselhos para crescer na vida do Espírito. Como receber a efusão do Espírito. Conselhos para crescer na vida do Espírito

O MANUAL DA FELICIDADE

O Sermão da Montanha é o caminho mais certo para a felicidade: é o programa de vida ideal para todos aqueles que desejam viver de modo sobrenatural.

CURA DAS EMOÇÕES EM CRISTO

Reeducação da mente: Somos o que dizemos. Aprendendo a amar a si mesmo: Importância da auto-imagem. Enfrentando a rejeição. Perdão e cura das emoções. Saindo da depressão. Libertando-se do medo. Ansiedade ou preocupação. Como vencer a solidão. Desafios dos solteiros. Para se manter e crescer na cura das emoções.

CURA DAS ENFERMIDADES

Creio em milagres – Cura e Bíblia – Fé e Cura – As lições de cura de Jesus para hoje – Cura pela Eucaristia – Cura pela Confissão – Cura pelo perdão – Cura pelo Sacramento da Unção – Outros meios de cura – E se não acontecer a cura? – Orações de Cura.

EM QUE CREMOS? Doutrina Católica e Bíblia

A Bíblia: O Antigo Testamento; O Novo Testamento – Os mistérios da fé cristã: O mistério da Santíssima Trindade; Encarnação; Redenção – A Igreja: A origem da Igreja de Cristo; A Organização da Igreja; A hierarquia – Os Sacramentos: A definição e o número dos Sacramentos; Os Sacramentos de iniciação; Os Sacramentos medicinais ou de cura; Sacramentos do serviço da Igreja – Maria Modelo para a Igreja: O fundamento bíblico do culto mariano; As verdades de fé sobre Maria – As Virtudes cristãs ou regras de vida: As virtudes teologais ou sobrenaturais; Virtudes cardeais – Morte, céu, inferno e purgatório: Juízo particular e final; Segunda vinda de Cristo – Orações: principais orações católicas

AO VENCEDOR! Mensagens às Sete Igrejas do Apocalipse

Esfriaste no primeiro amor: Conhecendo Éfeso. ***Não temas o que deverás padecer:*** Conhecendo Esmirna. ***Abandona as falsas doutrinas:*** Conhecendo Pérgamo. ***Tempo de arrepender-se:*** Conhecendo Tiatira. ***Sê vigilante:*** Conhecendo Sardes. ***Guardaste a minha palavra:*** Conhecendo Filadélfia. ***Repreendo e corrijo todos aqueles a quem amo:*** Conhecendo Laodicéia. ***Mensagens às Igrejas do Apocalipse.***

BATALHA ESPIRITUAL

Desmascarando o inimigo: Para a Bíblia, quem é o diabo? – Como identificar a presença do maligno: a mentira; Campos de batalha; Um testemunho da mentira de Satanás; Um testemunho de libertação; Sugestões para uma oração pessoal de libertação; Oração a São Miguel Arcanjo – Plano de batalha – Treinamento para a batalha – Entrando na batalha – Um grande perigo: a Nova Era – A Nova Era e a Igreja: A Nova Era nas Igrejas Evangélicas; Como identificar o evangelho da Nova Era – Uma seita da Nova Era: a Universal do Reino de Deus: A origem da Universal; Algumas práticas da Universal – Maria Santíssima na batalha espiritual – O mundo vai acabar? – Exorcismo: Contra Satanás e os Anjos Rebeldes – Livrai-nos do mal: O ensinamento bíblico; O inimigo oculto; A ação do demônio; A defesa do cristão.

QUEM FUNDOU A SUA IGREJA

Quem fundou a sua igreja? – A garantia para a unidade da Igreja: sucessão apostólica – O sinal visível da unidade – As características da Igreja de Cristo – A reunião da Igreja de Cristo: o Domingo e a Eucaristia – Razões porque sou católico – Aprendendo a conversar com os irmãos separados – A Lista dos Papas – Datas importantes dos três primeiros séculos da Igreja cristã – Alguns questionamentos evangélicos quanto a data da fundação da Igreja católica

COMO REZAR PELA CURA ENTRE AS GERAÇÕES

Bíblia e cura entre as gerações – O que não é a oração de cura entre as gerações – A cura dos vivos e dos mortos por meio da oração – A importância de orar pelos bebês nascidos mortos ou abortados – Como rezar pelos mortos jovens e adultos – Oração de cura entre as gerações e a libertação de lugares – Eucaristia: o lugar da cura total – Como fazer a árvore da família ou geneagrama – Como orar pela árvore da família e qual o número de vezes? – Orações de cura entre as gerações – O purgatório: purificação necessária para o encontro com Deus.

MARIA, A MENSAGEIRA DO CÉU

E Deus pensou em Maria – Maria no Antigo Testamento – Maria e as profecias bíblicas – O nascimento de Maria e o significado de seu nome – Maria nos evangelhos – As verdades de fé sobre Maria – Um retrato de Maria – As aparições de Nossa Senhora – Algumas aparições Marianas – A devoção das três Ave-Marias – Os três pedidos a Nossa Senhora – Devoções Marianas – Orações Marianas – Sobre a morte da Mãe de Deus – Maria nos escritos dos primeiros cristãos – Maria e os protestantes (evangélicos) – Medjugorje: a primeira aparição; perseguição; papel de Maria.

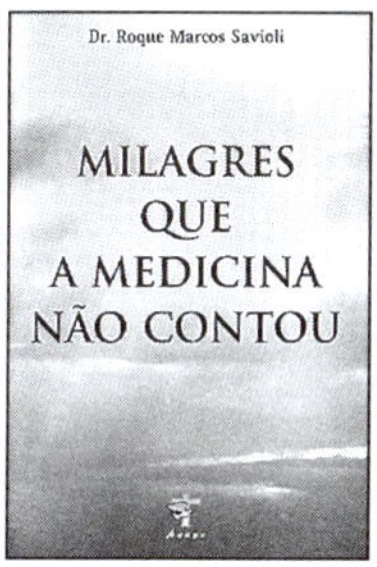

MILAGRES QUE A MEDICINA NÃO CONTOU

Deus e a medicina – Minha conversão: maior milagre – O bom português – Uma história com goiabada – Depressão: falta de Deus? – A hora do milagre – João Baptista: o homem que perdeu a perna, não a fé – Sílvio: o que foi e voltou – O caso da medalhinha – E ela se reencontrou com Deus – Pedalando em direção ao milagre – E tudo terminou em pizza – A médica que viu o milagre.

"Obrigado por adquirir este livro. Juntos poderemos evangelizar ainda mais!

Quero me corresponder com você mensalmente, por isso peço que entre para a Família Encontro com Cristo se associando através da ficha abaixo. Você estará me ajudando a evangelizar também através da pregação da Palavra pela televisão."

Pe Alberto Luiz Gambarini

Nome ....

Endereço .... Nº ....

Apto. ....Bloco ....

Bairro ....

CEP... Cidade ....

Estado:...................................

Fone: ( ) ....

Nasc.: ___/___/___

"Escreva aqui as suas intenções particulares. Quero rezar por você diariamente. Seus pedidos ficarão depositados na Capela do Santíssimo de minha Paróquia.

....

....

....

....

....

....